Corinna Jurtendach

Das Beste hoffen, fürs Schlimmste planen

Lockdown im Pflegeheim

Buchbeschreibung:

Mal ehrlich: Würden Sie sich bei der nächsten Pandemie an Ausgeh-, Reise- und Kontaktverbote halten? An Maskenpflicht in der Öffentlichkeit und Grenzschließungen innerhalb der Bundesländer? Das Aussetzen der Grundrechte, das Gezanke in der Ministerpräsidentenrunde oder eine Impfpflicht tolerieren? Wohl eher nicht. Die Pandemie - tja – nichts gelernt?

Am 16. März 2020 wurde ein Besuchsverbot für die deutschen Pflegeheime erlassen, Grundrechte eingeschränkt, Kontakt- und Reiseverbote erteilt, die europäischen Grenzen geschlossen. Überforderte Politiker, Behörden und ratlose Berater.

Was passierte in deutschen Pflegeheimen mit dem Ausbruch eines aggressiven Virus? Die Meldung im Januar 2020, dass drei Chinesen an diesem Coronavirus gestorben sind, wirkte angesichts der 1,44 Milliarden Menschen in China geradezu lächerlich. Von Politikern und Regierenden erst verharmlost, blieb uns allmählich das Lachen im Halse stecken. Es blieb die Hoffnung, dass mit dem Sommer 2020 die Gefahr gebannt und alles wieder normal werden könnte. Weit gefehlt, das war erst der Anfang. Die Fortsetzung lesen Sie in dieser neuen Auflage.

Autorin:

Corinna Jurtendach ist Gesundheits- und Krankenpflegerin und schreibt unter Pseudonym. Ihre Ausbildung beendete sie 1978.

Sie arbeitete seit 2010 bis zum Eintritt in den Ruhestand am 01.04.2022 als Leitung von verschiedenen Pflegeeinrichtungen. Corinna Jurtendach veröffentlichte in 2020 ihr Coronatagebuch »Shutdown im Pflegeheim - bleibt bitte gesund!«.

Die Erfahrung mit der Pandemie und deren Auswirkungen im Pflegeheim wären so kurz vor der Rente verzichtbar gewesen, erleichterten ihr jedoch den Abschied vom Arbeitsleben.

Impressum

Corinna Jurtendach

c/o Nadja Reinhold

Gartenstr. 15

41836 Hückelhoven

jurtendach@gmx.de

Lektorat Teil I: Renate Blaes, **www.renate-blaes.de**

Korrektorat: Dr. Michael Franz

Cover Design: GELBE GARAGE Werbeagentur OHG

Markt 22, 49074 Osnabrück

Lektorat und Korrektorat Teil II: Nadja Reinhold

Bildquelle Cover: i-stock.com

Bilder in Teil II: Margitta Bieker

Verlag: BoD • Books on Demand GmbH, In de Tarpen 42, 22848 Norderstedt

Druck: Libri Plureos GmbH, Friedensallee 273, 22763 Hamburg

ISBN: 978-3-7597-7651-8

Bibliografische Informationen der Deutschen Nationalbibliothek:

Die Deutsche Nationalbibliothek verzeichnet diese Publikation in der Deutschen Nationalbibliografie, detaillierte bibliografische Daten sind im Internet über dnb.de abrufbar.

Inhaltsverzeichnis

Allen Kollegen der Pflege und der Hauswirtschaft
gewidmet.
Ohne euch wäre das nicht zu schaffen gewesen!
Danke.

Ich verzichte zugunsten der Textlesbarkeit aufs
Gendern und bitte um Verständnis.
Mit der männlichen Ausdrucksweise sind alle
Menschen gemeint.

Einleitung

Sie lesen hier mein Coronatagebuch. Mehrere Wochen einer speziellen Erfahrung mit der Pandemie und deren Auswirkungen im Pflegeheim. Mit Menschen, die zur Hochrisikogruppe gehören. Coronaviren sind nicht neu. Sie verursachen meist harmlose Krankheiten des Magen-Darm-Trakts oder der oberen Atemwege, zum Beispiel Erkältungen. Nur das neuartige Virus mit dem Namen Corona Virus SARS-CoV-2 erwies sich als nahezu teuflisch ansteckend.

Die Krankheit, die sich aus einer Infektion mit dem Corona Virus entwickelt, nennt man **COVID-19.** Diese kann fast ohne oder nur mit milden Symptomen verlaufen, oder zu schweren Lungenerkrankungen bis hin zur Beatmungspflichtigkeit auf der Intensivstation und im *Worst Case* zum Lungenversagen führen.

Ich bin mir sicher, dass Anfang Februar das wahre Ausmaß den meisten Menschen im Gesundheitswesen nicht bewusst war, und die Erkrankung nicht ernst genommen bzw. als Grippevariante abgetan wurde. China war weit weg. Der Arbeitsalltag als Heimleitung mit dem allgemeinen Fachkräftemangel fordert einen schon genug.

Mit meinem Alter von 62 Jahren gehöre auch ich zu der Risikogruppe. Sollte ich mich jetzt aus der Affäre ziehen? Nein. Natürlich nicht.

Mag sein, dass Ihnen manche Passage in diesem Buch wie Schuldzuweisungen an Behörden, an Vorgesetzte, an das Robert-Koch-Institut, an die Politiker vorkommen. Das ist nicht beabsichtigt. Sie wussten es nicht besser. Niemand wusste es, auch nicht die Virologen. Jeden Tag neue Erkenntnisse bzw. Vermutungen, geänderte Verfahrensanweisungen und bedrohlicher Materialmangel an Schutzkleidung, Masken, Thermometer, Desinfektionsmittel führte zu teilweise panischem Verhalten von Kunden in den Discountern. Schnell geänderte und mit heißer Nadel gestrickte Gesetze, eine hohe Staatsverschuldung durch locker gemachte Gelder für die Wirtschaft, für mittelständische Unternehmen und für Kurzarbeit Gelder sowie für die Arbeitslosen, gelangen der Regierung ohne Parlamentsabstimmungen im Eilverfahren, was sonst Monate, wenn nicht Jahre dauert.

Mir ist es wichtig, dass Sie die Gefühle und Ängste einer verantwortlichen Fachkraft in einer Einrichtung mit 120 Menschen und 85 Mitarbeitern nachvollziehen können. Wir wussten selbst nicht, was die richtigen Entscheidungen waren. Auch die

14

Geschäftsführung entschied wöchentlich, manchmal täglich neu, welche Schritte jetzt die Wichtigsten und Richtigsten sind. Das Hamstern von Schutzmaterial stand an oberster Stelle. Wer hätte ahnen können, dass die Bestellung und die Lieferung von banalen Dingen wie Masken, Schutzkittel und Desinfektionsmittel keine Selbstverständlichkeit mehr waren? Wie freuten wir uns über das Paket mit drei kontaktlosen Fieberthermometern aus China!

Nach fünf Wochen kam es endlich an, die Mitarbeiter strahlten.

Am schlimmsten jedoch war der Shutdown mit den Schließungen der Pflegeheime für Besucher, Angehörige, Reparaturfirmen. Nur wer absolut unvermeidlich war, Ärzte, Therapeuten und Seelsorger, durften das Haus betreten und mussten sich mit Adresse in einem Gästebuch eintragen, um im Falle eines Ausbruchs dem Gesundheitsamt eine Kontaktnachverfolgung melden zu können. Vielleicht wird es eine Fortsetzung dieses Tagebuches geben, sollte es im Herbst mit einem Anstieg der Infektionen und erneutem Shutdown von vorne losgehen. Ich hoffe es nicht, aber das Virus wird zukünftig zu unserem Alltag gehören.

Das Coronavirus wütet in der Welt – was bisher geschah.

Im Dezember 2019 trat in der Provinz Wuhan/ China ein bisher unbekanntes und hochinfektiöses Virus auf: Corona oder Sars-CoV-2. Die Lungenerkrankung, die es hervorruft, nennt sich nach der WHO ‹Covid-19›, Corona Virus Disease 2019. Die Inkubationszeit betrug wenige Tage, deshalb verbreitete es sich rasch. Es entwickelte sich innerhalb von zwei Monaten eine Pandemie, also eine weltübergreifende Infektion. Mit den für China bekannten drastischen Maßnahmen der Gebietssperrung und den Quarantäne-bestimmungen konnte das Virus bis Februar 2020 eingedämmt werden. Zunächst nahm ich das Ganze nicht so ernst. Meine Güte, drei Chinesen von 1,44 Milliarden Menschen sind gestorben ... tss, tss. Geht's noch?
Die Verbreitung auf den Menschen soll von Pangolinen - das sind Schuppentiere, die nicht besonders hübsch, aber schmackhaft sind und auf dem Fischmarkt in Wutan verkauft wurden - ausgegangen sein. Fledermäuse haben vermutlich das Virus auf die Pangoline übertragen, die als Zwischenwirt wiederum das Virus auf den Menschen übertrugen. Ob diese Theorie stimmt, wird sich noch zeigen.

Doch dann brach es weltweit aus. Flughäfen kontrollierten Passagiere, die aus China einreisten, mittels kontaktlosen Geräten auf Fieber. Ganz nebenbei tobte auch eine Welle mit der Grippe Influenza A, die eher wenig Beachtung fand. Norditalien war besonders vom Corona Virus betroffen, das Land wurde sozusagen abgeriegelt. In den italienischen Krankenhäusern tobte das Chaos. Betten auf den Gängen, überlastete Ärzte und Pflegekräfte, kaum Schutzmaterial. Das Foto der Krankenschwester, die vor Erschöpfung samt Mundschutz und Kopfhaube auf der Tastatur des Computers eingeschlafen war, fand eine rasche Verbreitung in den Medien und sorgte für Entsetzen. Im Dezember 2019 war ich an einer starken Erkältung mit Fieber, einem bestialischen Husten und mit Rasselgeräuschen auf der Lunge drei Wochen lang krank. Ob das etwa Covid-19 war?

Großveranstaltungen mit mehr als 1000 Besuchern wurden auf Weisung von Gesundheitsminister Spahn abgesagt, die Leipziger Buchmesse fiel aus, Fußballspiele in Geisterarenen sorgten bei den Vereinen für Geldmangel und bei den Fans für Unmut. Nur die Bahn fuhr unverdrossen weiter. Die Hauptbahnhöfe in großen Städten sind schließlich nichts Anderes als Großveranstaltungen.

E-Tickets wurden nicht mehr eingelesen, Zugbegleiter begnügten sich mit der Sichtung.

Die Gastronomie erlitt Verluste, Restaurants wurden geschlossen, Flüge gestrichen, Reisen storniert, Hamsterkäufe von Toilettenpapier und haltbaren Lebensmitteln (Spitzenreiter: Nudeln und Desinfektionsmittel wie Sagrotan) bestimmten das Tagesgeschehen.

Leere Regale in den deutschen Discountern. Ein für uns verwöhnte deutsche Konsumenten ungewohnter Anblick, tiefste Verunsicherung in der Bevölkerung. Atemschutzmasken wurden zu horrenden Preisen auf ebay und Amazon verkauft, der Preis von 49 Euro pro Maske (!) war kein Schreibfehler, bei dem das Komma fehlte, sondern eine Tatsache. Wahrscheinlich, nachdem sie vorher irgendwo geklaut wurden. In Krankenhäusern zum Beispiel stahl man Desinfektionsmittel sogar aus den Spendern.

Der Nachschub aus China fehlte, die brauchten die Materialien erstmal selber. Vor allem fehlte es an FFP2 und FFP3 Masken (Filtering Face Piece), mit und ohne Ventil. Die Einzigen, die wirksam vor Corona schützen.

Ein Kollege von mir ging einen Deal mit einem Hausarzt ein, der seine Praxis mangels Händedesinfektionsmittel schließen wollte.

18

Für 20 Liter Händedesinfektion verkaufte der Arzt ihm 700 FFP2-Masken, die in die Zentrale geschickt wurden, um die bundesweiten Einrichtungen zumindest mit einem Basisbestand ausstatten zu können. Etliche Pflegeeinrichtungen besaßen noch wenige Masken aus der Schweinegrippezeit von 2009. Das Haltbarkeitsdatum war natürlich längst abgelaufen – *but so what?* So eine Maske wird ja nicht schlecht.

Positiv getestete Menschen kamen für zwei Wochen in häusliche Quarantäne, versorgt von Angehörigen oder der Nachbarschaft, die die Einkäufe vor die Tür stellten. Die meisten wurden aber nicht getestet. Besonders gefährdet – wer hätte es gedacht - waren ältere Menschen über 60 Jahre, mit Vorerkrankungen der Lunge, Diabetes, Bluthochdruck, koronarer Herzkrankheit und andere Risikogruppen wie Immunsupprimierte.

Die Patienten starben an Sepsis und trotz Beatmung an Lungenversagen.

Am 12.03.2020 waren in Hessen 91 Erkrankte bekannt. Die Zahl hatte sich vom 11.03.20 auf den 12.03.20 verdoppelt.

Trotzdem verhielten sich die Menschen ruhig, klagten über die ausgefallenen Veranstaltungen und anderen

Unbequemlichkeiten, zum Beispiel über die leeren Regale in der Klopapierabteilung im Supermarkt.

Im öffentlichen Nahverkehr sah man niemanden mit Atemmasken. Vermutlich, weil es keine mehr gab. Donald Trump verhängte ein Einreiseverbot für Europäer und ließ sich selbst nicht testen. Im Gegenteil, er schüttelte im Wahlkampf unverdrossen reichlich Hände. Aber was sollte man von diesem Idioten auch anderes erwarten?

Schwierig wurde es, weil 80% der Erkrankten nur milde Verläufe, sich sogar symptomlos zeigten. Der Beginn war mit Halsschmerzen, Fieber, Husten, Schnupfen oder Durchfälle beschrieben.

Die sozialen Medien wurden mit Posts und Kettenbriefen quasi geflutet, die seltsame Maßnahmen gegen das Virus empfahlen, die wie Großmutters Hausmittelchen klangen. Viel trinken zum Beispiel, weil das Virus dann im Magen durch die Magensäure zerstört wird und erst gar nicht in die Lunge gelangt usw. Was für ein Quatsch. Solides Halbwissen. In Deutschland machte der Kreis Heinsberg in Nordrhein - Westfalen Schlagzeilen und wurde zu Deutschlands Hotspot. Der Fasching sorgte für ungestörte Verbreitung, Alkohol, Bussi, Bussi, große Menschenansammlungen bei Umzügen und Karnevalssitzungen ließen die Fallzahlen in die Höhe schnellen. Die Ämter schlossen, Autos anmelden oder heiraten war nicht mehr möglich. Es gab nur Notbesetzungen.

In Bad Rappenau stand die Pflegeeinrichtung der Alpenland Betreiber sechs Wochen lang unter Quarantäne. Ein Pfleger brachte das Virus nach einer Italienreise mit und infizierte eine Kollegin und einen Bewohner. Das brachte eine Kettenreaktion mit Ausbruch mit sich. Mitarbeiter durften in ihrem PKW zur Arbeit fahren und zurück nach Hause, sonst durften sie sich nicht frei bewegen. Wohnbereiche wurden für Besucher geschlossen. 17 Personen, die mit dem Heim in Verbindung standen, wurden positiv getestet. Davon mussten 4 in die Lungenfachklinik eingewiesen werden. Die Bewohner durften über Wochen ihre Zimmer nicht verlassen.

Am 16.03.2020 schlossen in Hessen alle Schulen und Kitas, Schwimmbäder, Saunen, Museen, Ausstellungen. Andere Bundesländer folgten.

Über Deutschland senkte sich wie ein riesiges Grabtuch die soziale Wüste. Der von Christo verhüllte Berliner Reichstag war nichts dagegen. Bayern rief den nationalen Notstand und eine Ausgangssperre aus.

Und wie sah es bei uns in der Einrichtung aus? Ich fühlte mich angespannt.

Und je öfter ich die Sätze hörte:

»Wir wollen keine Panik machen, wir sind aber wachsam!«, umso nervöser wurde ich. Das sind gemeinhin sinnlose Appelle. So glaubwürdig, wie wenn jemand schreit: »Sie regen mich nicht auf, Sie nicht!«

Erst wöchentlich, dann täglich, fanden Telefonkonferenzen mit der Zentrale, der Hauptabteilungsleitung des Qualitätsmanagements und der operativen Geschäftsführung statt.

Gleichzeitig verdonnerte der Geschäftsführer die Leitungskräfte zu einer Urlaubssperre für die kommenden vier Wochen. Eine Kollegin machte den Vorschlag, einen Bauzaun zu errichten, damit die Bewohner den Garten nicht verlassen können. Vielleicht auch die Mitarbeiter mit haltbaren Lebensmitteln versorgen, falls sie im Supermarkt nichts mehr bekommen? Ich musste mir das Lachen verbeißen. Dann blieb es mir im Halse stecken.

Tja, und drei Wochen später stand auch bei unserer Einrichtung ein Bauzaun. Lebensmittel gab es nach wie vor genug, die Lieferanten kamen pünktlich wie immer. Es gab eine Bestandsaufnahme aller vorhandenen Schutzmaterialien im Konzern, der Prokurist kümmerte sich um lieferbare Masken und Desinfektionsmittel.

Alle Apotheken der näheren Umgebung wurden angefragt, ob sie Desinfektionsmittel für die Hände liefern können. Fehlanzeige. Empfehlungen wie Franzbranntwein oder Wodka zu kaufen, waren ernst gemeint. Flaschen mit Händedesinfektionsmitteln durften sogar wieder befüllt werden, weil Behältermangel herrschte. In normalen Zeiten aus hygienischen Gründen ein absolutes No-Go.

Die Stimmung sank in den Keller und die Anspannung nahm zu. Ich fühlte mich wie ein Flitzebogen, der den Pfeil nicht losschießen kann. Besucher trugen sich in Gästebücher mit der Angabe ein, ob sie aus einem Risikogebiet ausgereist waren. Es wurden Schilder zur Händehygiene und Husten- und Niesetikette aufgehängt (in die Ellenbeuge, nicht in die Hand, wurde bei der Schweinegrippe schon gepredigt), teilweise gab es Anweisungen, wie man sich die Hände richtig wäscht. Manch Angehöriger zeigte sich derart besorgt, dass ich vorsichtshalber doch bitte das Haus schließen möge. Ich schüttelte schon wieder den Kopf. Ja, was denn noch alles?

Eine Bewohnerin bekam hohes Fieber. Ich rief das Gesundheitsamt an und fragte nach Teststäbchen. Die Antwort verblüffte mich: Nein, haben wir nicht. Desinfektionsmittel, Schutzmasken? Fehlanzeige. Ich konnte es nicht fassen.

Haben die nur Stuhlröhrchen bei einem Ausbruch mit Brechdurchfall vorrätig? Getestet würde nur, wer Symptome hat. Hätte sie mir gesagt, wir haben keine Testkapazitäten, weder Material- noch Labor-ressourcen, wäre sie auf mein Verständnis gestoßen.

Aber auch das wurde offiziell (noch) nicht verkündet.

Die örtlichen Apotheken angefragt. Nein, wir haben nichts. Vielleicht nächste Woche. Dabei beteuerte Minister Spahn gebetsmühlenhaft, wie gut Deutschland auf die Pandemie vorbereitet ist und dann so was? Die Ärztin stellte bei der Bewohnerin mit Blickdiagnose einen grippalen Infekt fest. Mein Eindruck, dass man bloß nicht so viel testen sollte, weil die Konsequenzen hart durchgesetzt würden, verfestigte sich. Hinterher stellte sich heraus, dass es ein Harnwegsinfekt war. So viel zur Blickdiagnose.

Die Hausärzte insgesamt waren hoffnungslos überlastet und es gab nicht nur die Empfehlung, nein, sondern auch die offizielle Erlaubnis, die Krankschreibung für Patienten telefonisch durchzuführen, um möglichst keine potentiell Verdächtigen im Wartezimmer zu versammeln. Getestet wurde nur, wer aus einem Risikogebiet kam oder Kontakt mit einem nachweislich Infizierten hatte. Oder vielleicht einen Sechser im Lotto?

Montag, 16.03.2020. Shutdown und Massenquarantäne.

Die persönlichen Kontakte werden begrenzt. Die Wohnung darf nur verlassen werden, wenn es den Weg zur Arbeit, zum Arzt, zum Einkaufen, zur Apotheke betrifft. Besuche im Krankenhaus sind verboten. «Bleiben Sie zuhause!» heißt der neue Slogan und betrifft alle. Der dauernde Aufenthalt in kleinen Wohnungen ist für Familien deutlich belastender als in Häusern mit Gärten zu wohnen. Dazu noch Homeoffice und Kinder, die beschäftigt werden wollen. Dichter Stress.

Unsere Einrichtung wird auf Erlass des Landkreises für Besucher geschlossen. Angehörige dürfen nur ins Haus, wenn sich der Bewohner im Sterbeprozess befindet oder bei drohenden Eskalationen mit dementiell Erkrankten. Besucher, Lieferanten, Ärzte, Therapeuten müssen schellen. An gut sichtbaren Stellen werden Schilder und Händedesinfektionsmittelspender angebracht. Die meisten Angehörigen haben Verständnis. Wir kaufen eine Funkklingel, die in der Verwaltung schellt. Sonst müssten immer die Pflegekräfte springen.

Die Pfarrerin darf auch kommen, Einzelbesuche mit

Maske und 1,5 Meter Abstand vorausgesetzt. Gottesdienste sind verboten, es gibt keine Frisörleistungen mehr.

Dienstag, 17.03.2020. Erste Telefonkonferenz mit der Zentrale.

Die sieben philippinischen Mitarbeiter dürfen bis Mitte April nicht einreisen. Trotz Visum, es geht nämlich kein Flieger mehr. Zwei rumänische Fachkräfte sind zum Glück am letzten Freitag, am 12.03.20, noch durchgelassen worden, quasi auf den letzten Drücker. Die Anmeldung am Bürgerbüro ist nur dank meiner strengen Rhetorik möglich. Ich lasse mich nicht abwimmeln. Am Empfang hängt eine meterhohe Plastikfolie und schützt die Mitarbeiterin.
»Sie hätten mit der Anmeldung noch eine Woche Zeit gehabt! Warum diese Eile?«, fragt mich die Mitarbeiterin hinter ihrem Schreibtisch.
»Weil die beiden eine Steuer-ID vom Finanzamt benötigen, sonst werden sie nach Steuerklasse 6 berechnet. Das duldet leider keinen Aufschub. Und in einer Woche ist die jetzige Situation noch genau die gleiche.« Die rumänischen Mitarbeiterinnen sind

eingeschüchtert und starren auf ihre Hände im Schoß. Ich nicht. Wir ziehen das jetzt durch hier.

Auf der Sparkasse bei der Kontoeröffnung für die beiden haben alle Mitarbeiter Handschuhe an. Ich fasse mir an den Kopf. Haben sie Angst, sich an der Tastatur zu infizieren?

In einem Supermarkt will ein Kunde 50 Pakete Weißmehl kaufen. Es kommt zu tätlichen Übergriffen, weil er die Ware nicht bekommt. Eine Angehörige regt sich fürchterlich über die Situation auf. Ich rufe sie zwei Tage später an und biete ihr als Alternative einen Spaziergang oder Sitzen im Garten an. Es herrscht schönster Sonnenschein.

Im Küchenbereich muss eine Mitarbeiterin nach dem Skiurlaub in Südtirol in Quarantäne. Ich bin froh, nicht nach Paris gefahren zu sein. Mein Mann schenkte mir die Reise zum Geburtstag. Alles storniert, das Geld ist futsch und die Enttäuschung groß.

Mittwoch, 18.03.2020. Merkel spricht im Fernsehen.

Die Bundeskanzlerin Angela Merkel hält nach den Nachrichten eine ergreifende Rede, aber nicht zum kommenden Frühlingsbeginn. Ihre Ansprachen kennen wir sonst nur von Silvester.

Das macht mir jetzt doch Angst, kerzengerade und stocksteif sitze ich auf dem Sofa im Wohnzimmer.

Merkel appelliert eindringlich, sich an die Regeln zu halten, keine Gruppenzusammenkünfte gestalten, öffentliche Sport- und Kinderspielplätze zu meiden, sonst würde sich das Virus rasant verbreiten wie in Italien und Frankreich.

»Es ist ernst«, sagt sie und schaut mit großen Augen in die Kamera. Drei langweilige Worte, die wie ein Kanonenschlag aufprallen.

In Bayern hat der Ort Mitterteich nach einem Fest mit hoher Erkrankungszahl eine Ausgehsperre verhängt. Das gab es seit dem 2. Weltkrieg nicht mehr! Pro Woche können von den Laboren lediglich 160.000 Abstriche getestet werden. Bedeutet – die Dunkelziffer an Infizierten ist unbekannt. Vermutlich sind deutlich mehr Menschen infiziert. Offizielle Zahlen sprechen von knapp 14.000 bestätigten

Infektionen, 42 Menschen sind bisher an Corona (oder mit?) verstorben.

Mich treibt der Mangel an Desinfektionsmitteln um und verfalle in Panik. Wie sollen wir den Bedarf decken? Die Mitarbeiter müssen geschützt werden! Meine Vize und ich fahren in die Drogerie Discounter und kaufen Franzbranntwein, wahlweise mit den Aromen Campher und Menthol.

500 Milliliter kosten 2,49 Euro. Mitarbeiter gehen ebenfalls shoppen und bringen weitere Flaschengebinde mit. Eine Mitarbeiterin wird an der Kasse gefragt, wozu sie so viele Flaschen Franzbranntwein braucht.

»Meine Tante hat dicke Beine, die reibt sich damit immer ein.«

»Hilft das?«

»Und wie! Unbedingt mal versuchen!« Packt alles ein und geht aus dem Laden.

Das Ziel ist, für den Fall der Fälle genügend Händedesinfektionsmittel zur Verfügung zu haben, die virusabtötend sind, sprich viruzid. Das kann der Franzbranntwein nicht. Am Ende des Tages haben wir 50 Flaschen gehamstert. Allerdings ist dieser vergällte Spiritus nicht hautfreundlich, er besitzt keine rückfettenden Substanzen für den Hautschutz.

Deshalb verteilen wir 20 Tuben Hautschutzcremes. Die sind jetzt auch alle. Das Hausinnere ist in einem Aroma von Sauna und Aufguss gebadet. Am übernächsten Tag ist Franzbranntwein in den Läden ausverkauft, jetzt sind auch andere auf die Idee gekommen.

Donnerstag, 19.03.2020. Träume von Quarantäne und Feldbetten.

Ich habe Alpträume. Unser Haus steht unter Quarantäne, massenhafte Krankmeldungen, Konflikte in den Teams, den Stress der Empfangsmitarbeiter und solche Szenarien verarbeite ich im Schlaf. Erst kommt der Wind, dann der Regen. Fast wünsche ich mir, der Regen wäre schon da, dann wissen wir zumindest, woran wir sind. Dennoch ist die Stimmung im Haus entspannt. Die einzige, die angespannt ist, bin ich. So eine Situation hatte ich in den ganzen Berufsjahren nicht und sehne fast die Ausgangssperre herbei. Im Zug lasse ich meine Handschuhe trotz der warmen Temperaturen an, wenn ich an die Haltegriffe fasse. Sollten jetzt nicht Masken getragen werden? Aber es gibt ja keine.

Ins Haus kommen die firmeneigenen Teppichbodenleger, der Wohnbereich im ersten

Obergeschoss wird im Flur neu ausgestattet. Ich frage die Kollegen, ob sie sich gesund fühlen und aus keinem Risikogebiet kommen oder aus einem Haus mit einem Ausbruch. Sie lachen, schütteln ihre Köpfe und beginnen, den alten Boden heraus zu reißen.

Freitag, 20.03.2020. Anarchie der Regularien und Bayern voran.

Der BPA (Bundesverband Privater Anbieter) schickt eine Meldung, die mich fast vom Stuhl haut. Jetzt sitze ich mit geradem Rücken abermals stocksteif, dieses Mal in meinem Büro.

„Zur Herabsetzung des Infektionsrisikos der Pflegebedürftigen und aller in der Pflege tätigen Beschäftigten und zur Entlastung der die Pflegeeinrichtungen und der Pflegekräfte werden folgende Festlegungen getroffen: Qualitätsprüfungen werden ab sofort zunächst bis zum 30. September 2020 ausgesetzt.

Wie war das? Keine Prüfung mehr durch den Medizinischen Dienst der Kranken-kassen (MDK)? Nicht zu fassen.

Begutachtungen zur Feststellung der Pflegebedürftigkeit erfolgen anstelle von körperlichen Untersuchungen in der Häuslichkeit oder im Pflegeheim in einer Kombination von Aktenlage und strukturiertem Interview (telefonisch oder digital) mit dem Pflegebedürftigen, einer Pflegeperson oder Pflegekraft und ggf. dem rechtlichen Betreuer.

Es kommt kein Gutachter mehr zu uns? Telefonische Begutachtungen zur Pflegebedürftigkeit oder ausschließlich nach Aktenlage? Das fand vor Corona nur statt, wenn der Versicherte nach Antragstellung verstarb.

Das Bundesministerium für Gesundheit begrüßt ausdrücklich, dass die Medizinischen Dienste und der Prüfdienst des Verbandes der privaten Krankenversicherung bereit sind, freies ärztliches und pflegerisches Personal ohne Kosten- / Aufwandsersatz an Pflegeeinrichtungen, Krankenhäuser und Gesundheitsämter abzustellen. Zur konkreten Umsetzung sollen die Medizinischen Dienste Vereinbarungen mit den Bundesländern treffen.

Das ist ja mal eine Maßnahme! Die Pflegefachkräfte des MDK in die Krankenhäuser?

Es besteht eine Anzeigepflicht für die Pflegeeinrichtungen gegenüber den Pflegekassen bei einer wesentlichen Beeinträchtigung der Leistungserbringung infolge der Covid-19-Epidemie. Es genügt die Anzeige an eine als Partei des Versorgungsvertrages beteiligte Pflegekasse. In Abstimmung mit den weiteren hierbei zuständigen Stellen haben die Pflegekassen zusammen mit der Pflegeeinrichtung zur Sicherstellung der pflegerischen Versorgung die erforderlichen Maßnahmen und Anpassungen vorzunehmen. Dabei sind zum flexiblen Einsatz des Pflegepersonals (z.B. aus der Tagespflege) in anderen Versorgungsbereichen alle bestehenden Instrumente und Mittel zu nutzen und unbürokratisch einzusetzen. Die bei Unterschreiten der vereinbarten Personalausstattung gesetzlich vorgesehenen Vergütungskürzungsverfahren werden ausgesetzt.

Wie bitte?! Das Goldene Kalb der Nachweispflicht des vorzuhaltenden Personals ist vom Sockel gestürzt?

Es wird ein zeitlich begrenzter unbürokratischer Ausgleich der wirtschaftlichen Folgen für durch Corona-bedingte außerordentlichen Aufwendungen oder Mindereinnahmen von zugelassenen Pflegeeinrichtungen durch rasche gesetzliche Maßnahmen. Abweichend von § 3 Arbeitszeitgesetz kann in Krankenhäusern und anderen Einrichtungen zur Behandlung, Pflege und Betreuung von Personen die zulässige Arbeitszeit von über 18 Jahre alten Arbeitnehmerinnen und Arbeitnehmern auf maximal 12

Stunden pro Tag verlängert werden. Nach einer Verlängerung der täglichen Arbeitszeit über 11 Stunden hinaus muss eine ununterbrochene Ruhezeit von 11 Stunden gewährleistet werden.

Und dann schlägt die nächste Bombe ein.

Um 14:00 Uhr an diesem Tag verhängt Markus Söder, bayrischer Ministerpräsident, eine Ausgangsbeschränkung ab 0:00 Uhr. Jeder, der auf der Straße unterwegs ist, muss einen triftigen Grund nachweisen. Da sich die Bevölkerung auch nach der eindrücklichen Rede der Bundeskanzlerin nicht an die Regeln hält, und Jugendliche sogar Corona Partys zwecks Erhöhung der Ansteckungsrate feiern, ist das ein notwendiger Schritt. In Windeseile stelle ich sämtlichen Mitarbeitern sogenannte Passierscheine aus, die sie als Angestellte in den systemrelevanten Berufen legitimieren. Insgesamt 80 Formulare fülle ich aus. Indes haben es immer noch nicht alle verstanden. Passierschein? Wozu? Was ist das, ein Passierschein? Geduldig erkläre ich es gefühlte Zwanzigmal.

Der Koch ruft mich verzweifelt an. Er ist im Urlaub.

»Frau Jurtendach! Ich komme aus Bayern und habe morgen Frühschicht! Ich brauche diesen Schein noch heute.«

Ups. Habe ich nicht dran gedacht. Geschrieben, unterschrieben und eingescannt per E-Mail an ihn verschickt. Der Inhalt ist übersichtlich:

Bescheinigung.

Frau/Herr ... ist Mitarbeiter/in unserer Einrichtung. Wir versorgen Menschen mit erheblichem Pflege- und Betreuungsbedarf. Unsere Mitarbeitenden sind am Arbeitsplatz unverzichtbar, um die Pflege und Betreuung zu sichern und ihnen ist die besondere Herausforderung in hohem Maße bewusst, die mit den Maßnahmen zur Eindämmung der Verbreitung der Coronavirusinfektionen verbunden ist. Zur Sicherstellung der Versorgung bitten wir, die Mitarbeitenden bestmöglich zu unterstützen und insbesondere den ungehinderten Zugang zum Arbeitsplatz zu ermöglichen.

Ort, Datum, Unterschrift ... und fertig.

In einem Pflegeheim in Würzburg sterben neun Bewohner an der Infektion mit Corona. Das Haus steht unter Quarantäne, es hagelt Pressemeldungen. Die haben den Alptraum wahrgemacht.

Samstag, 21.03.2020. Restaurants geschlossen.

Das Wochenende verbringe ich in angespannter Erwartung, was die Telefonkonferenz am Sonntagnachmittag mit den Ministerpräsidenten beschließt. Ab 12:00 Uhr werden alle Restaurants und Bars geschlossen. Frisöre haben noch auf.

Ich sage meinen Frisörtermin am Samstag ab. Es ist nicht mehr zu verantworten. Sollen doch die Haare wachsen.

Es kommt zu weiteren Verschärfungen der Kontaktsperren. Nur noch zu zweit darf man auf der Straße unterwegs sein, es sei denn, man ist als Familie unterwegs. Der Zugverkehr wird mangels Fahrgäste reduziert. Die Fitnessstudios schließen ebenfalls. Die Feuerwehr fährt mit Megaphon Ansagen durch die Straßen.

»Bleiben Sie in Ihren Wohnungen. Gehen Sie nur nach draußen, wenn Sie unbedingt müssen. Achten Sie auf Ihre Mitmenschen, halten Sie Abstand!«

Es ist wie in einem Horrorfilm. Oder nach einem Unfall in einem Atomkraftwerk.

Dienstag, 22.03.2020. Bauzaun mieten.

Die Bevölkerung hält sich an die Auflagen, es scheint einen vorsichtigen Rückgang der Neuinfektionen zu geben. Ich traue den Zahlen aber nicht wirklich. Unser Gartengrundstück im Innenhof der Einrichtung hat freien Zugang zum Bürgersteig der Straße, es führt sogar eine bequeme Treppe hinunter.

Das bereitet mir Sorgen. Ich rufe bei der Stadt an, ob sie einen Bauzaun zur Verfügung stellen. Denn sollten wir unter Quarantäne gestellt werden, wäre der freie Zugang gegen alle Vernunft. Bewohner können das Haus verlassen und Passanten und Besucher sich im Garten tummeln. Der Bauamtsleiter ist entsetzt.

»Was? Sie haben keinen Zaun um Ihr Gelände?«

Die Art der entsetzten Rückfrage verleiht mir Flügel.

Er nennt mir Adressen von Firmen, die Bauzäune verleihen. Ich hole mir ein Angebot für zwei Monate ein und beantrage beim Baumanagement die Genehmigung der Aufstellung und Mietzahlung.

»Wie teuer ist das? 345 Euro? Geht es nicht billiger?«

»Nein! Ich will diesen Zaun! Jetzt!«

Vor zwei Wochen hatte ich noch über den Vorschlag einer Kollegin gelacht. Schätzungsweise wird die Umzäunung länger als zwei Monate dauern.

Am nächsten Dienstag soll er von der Firma Schwarzfeller aufgestellt werden. Das ist mir schon fast wieder zu lang. Erst habe ich gelacht, dann gezweifelt, nun bestellt und werde bis Dienstag mit Sorgfalt den Garten auf Besuche von Fremden beobachten lassen.

Im Eilverfahren wird das Infektionsschutzgesetz (IfSG) geändert. Der Landkreis schickt wieder eine Meldung. Somit sind keine Gruppenveranstaltungen mehr in der Einrichtung erlaubt, nur noch Einzelbetreuungen in den Zimmern. Bei den vorhandenen und refinanzierten 5,56 Personalstellen in der zusätzlichen Betreuung (nach § 43b SGB XI, in 2007 verabschiedet und umgesetzt) reicht das bei 113 Bewohnern für zehn Minuten pro Tag pro Bewohner.

Ach du Schande. Jetzt geht es aber richtig los. Erst dürfen Bewohner keinen Besuch mehr empfangen, sich am besten nur noch im Zimmer aufhalten und das über Wochen ohne zeitliches Limit. Und jetzt auch keine Gruppenveranstaltung mehr, obwohl wir keinen Infizierten haben. Das gibt Meuterei und Lagerkoller. Wir sind kein Flüchtlingslager! Bei einem Ausbruch wären die Maßnahmen natürlich selbstverständlich, aber hier ist überhaupt nichts im Anmarsch. Es gibt noch nicht einmal grippale Infekte mit ganz normalem Husten oder Schnupfen. Ist das etwa gerechtfertigt?

Ich entscheide mich dagegen, und ich lasse die Leserunde heute Nachmittag stattfinden. Der Mensch hat das Bedürfnis nach sozialer Sicherheit, nach Zugehörigkeit und Verbundenheit. Wir alle brauchen das Gefühl, Kontrolle über unser Leben, unseren Kokon zu haben und irgendwohin zu gehören. Für zwei Wochen – okay. Aber bis zu den Osterferien sind es noch drei Wochen. Die ganzen Anordnungen gelten einstweilen bis zum 19.04.2020. Ich schicke der Heimaufsicht noch eine Anfrage ob der Ernsthaftigkeit des Verbotes.

Die Antwort lautet: »Liebe Frau Jurtendach, darüber rätselt die ganze Welt. Wir sind in Kontakt mit dem Regierungspräsidium, ich melde mich.«

Mittwoch, 25.03.2020. Gruppen dürfen stattfinden.

So, das mit den Veranstaltungen für die Bewohner im Haus hat sich geklärt. Es gilt nur für externe Dienstleister, die ins Haus kommen. Alles wieder gut. Gruppenevents finden statt.

Heute erreichte uns ein anonymer Anruf, allerdings mit angezeigter Telefonnummer.

Die Verwaltungsmitarbeiterin ist auf Zack und notiert sich die Ziffern.

Es wäre gut, wenn wir die Teppichbodenleger überprüfen würden. Sie trügen keinen Mundschutz, keine Handschuhe und würden sich auch nicht die Hände desinfizieren. Mit der Heimleitung wollte der Anrufer nicht sprechen, er möchte nur ein paar Hinweise geben.

Von denen, die uns mit ihrem ungesunden Google-Halbwissen unseren Job erklären wollen, habe ich schon lange die Nase voll.

Ich rufe also diese Nummer an, es meldet sich eine Frau. Ich frage nochmals nach dem Namen und frage, wer von diesem Anschluss einen anonymen Anruf mit angezeigter Nummer tätigt und uns Hinweise zur Hygiene in Corona Zeiten geben will. Die Dame weiß es nicht. Sie will aber in der Familie mal nachfragen.

Wir führen ja ein Gästebuch. Den Namen finden wir. Es ist ein Physiotherapeut, der einige Bewohner behandelt.

Anlässlich der Coronakrise gibt es eine außerordentliche Mitarbeiterversammlung. Meine Kollegen sehen es als grenzwertig an, die Mitarbeiter in einem Raum zu versammeln. Es sind so viele Absurditäten unterwegs, dass ich die Bedenken wegwische.

Die Mitarbeiter müssen nicht nur informiert sein, sondern ihrer Leitung vertrauen und ein Gefühl von sicherer Führung in dieser Krise entwickeln. Ich verbiete Posts auf Facebook mit Mundschutz oder Nachrichten auf WhatsApp mit Foto. Alleingänge in Sachen Hygiene sind nicht gestattet, Mundschutz wird nur getragen, wenn die Führung des Hauses das verlangt. Die Mitarbeiter machen einen betroffenen Eindruck. Und leider finden auch bei uns Diebstähle von Mundschutz statt. Die Materialien werden weggeschlossen. Wir haben noch immer nicht genügend vorrätig. Mein Hamsterkauf gegen Vorkasse von einem schnell wirksamen Flächendesinfektionsmittel von 50 Flaschen kommt heute an. Ich atme auf, für den Ernstfall sind wir gewappnet. Irgendwie freuen wir uns über jedes ankommende Paket wie zu Weihnachten.

Donnerstag, 26.03.2020. Masken in den Backofen.

Ich rufe die Physiotherapiepraxis an und spreche mit der Chefin, der Mitarbeiter bekommt Hausverbot. Sie kann sein Verhalten nicht verstehen. So sei er nicht aufgestellt, sagt sie ungläubig, zeigt aber Verständnis, sie wird ihn ansprechen.

Nachmittags erreicht mich ein Anruf mit diesem Namen. Es ist der Vater des Therapeuten.

Sie leben in häuslicher Gemeinschaft und sein Sohn hätte ihm geschildert, dass die Bodenleger keinen Mundschutz tragen und schließlich sei er selbst sehr gefährdet, wenn sein Sohn dieses Virus nach Hause trägt. Er habe eine künstliche Herzklappe und müsse vielleicht operiert werden. Da mache er sich große Sorgen.

Auf meine Frage, warum das Ganze anonym erfolge, antwortet er: »Meine Nummer wurde doch angezeigt.«

»Die Bodenleger gehören zu unserem Konzern, fühlen sich gesund und es besteht keine Notwendigkeit einer Maskenpflicht. Sie wahren zu den Bewohnern ausreichend Abstand. Der ist entscheidend, nicht die Handschuhe oder der Mundschutz.«

Ich schüttele seufzend meinen Kopf und rufe die Praxis an, dass der Mitarbeiter natürlich wieder kommen kann. Das hätten wir also geklärt. Da nützt auch der abendliche Flashmob nichts. Die Bürger applaudieren am geöffneten Fenster den Pflegekräften, Ärzten, Sanitätern und Therapeuten. Nur niemand will mit ihnen zusammenwohnen. Sie könnten das Virus nach Hause tragen. Super, das. Wo ist da die Stimme der Vernunft?

Das Robert-Koch-Institut (RKI), ehemals Bundesgesundheitsamt, hat eine Empfehlung erlassen. Mitarbeiter, die bei positiver Testung auf das Virus ohne Symptome sind, dürfen nach 48 Stunden wieder zur Arbeit erscheinen. Der Zweck heiligt die Mittel, oder was ist das jetzt? Aber es wird ja nicht getestet. Und wenn, dann stehen die Menschen dicht gedrängt vor den Testzelten. Wer noch nicht infiziert ist, könnte es nach dem Abstreichen im Zelt dann sein, nur ohne Anzeichen, das Virus braucht ja einige Tage, um sich zu entwickeln. Sind die Tests wirklich sinnvoll oder dienen sie bei einem negativen Ergebnis einem trügerischen Sicherheitsgefühl um die eigene Gesundheit? Wieder so eine Systemfrage, auf die es keine Antwort gibt.

Die von der Zentrale bestellten 7000 Atemschutz-masken sind nicht angekommen. An der Grenze abgefangen? Wegelagerei? Es existiert noch immer kein zentrales Lager in Hessen für die Bevorratung mit Hygienematerialien. Wir helfen uns in den hessischen Einrichtungen gegenseitig aus. Und verpulvern ohne Ende Geld für Hygiene. Hamstern, was geht, um im Bedarfsfall gerüstet zu sein. Leicht zieht der Duft von Campher und Menthol durchs Haus. Franzbranntwein zur Händedesinfektion.

In den Discountern im Ort ist der Vorrat immer noch erschöpft.

Die IT (Informationstechnik des Konzerns) gibt mir einen wichtigen Hinweis: Die Tastaturen der zwei Terminals in den Stützpunkten der Pflegekräfte sind wahre Mutterschiffe an Keimen. Bevor er eine fremde Tastatur benutzt, desinfiziert er diese mit Alkohol getränkten Tüchern. Und erst die schnurlosen Telefone! Die werden bei jeder Schicht übergeben. Oje. Guter Vorschlag. Also, in jeder Schicht bitte einmal desinfizieren, lautet meine Anordnung. Und ich bestelle gleich fünf neue Keyboards. Die sind ohnehin steinalt und voll mit Krümeln. Jede Schicht wischt am Ende der Schicht über Telefon, Tastatur und Maus. Und in allen Büros wird es genauso gehandhabt. Auch wenn da nur einer tippt.

Jeder Mitarbeiter erhält eine Kittelflasche mit Desinfektionsmittel für die Hände. Die muss er mit Namen beschriften und wieder befüllen lassen. Es gibt nach wie vor einen Engpass mit leeren Desinfektionsflaschen! In Sachen Hygiene regiert inzwischen die reinste Anarchie. Es ist alles erlaubt. Das Wiederbefüllen von Flaschen, vor Corona das schiere Teufelswerk, jetzt ein Segen. Masken kann man im Backofen bei 60 Grad sterilisieren und wiederverwenden.

Danach muss der Backofen desinfiziert werden. Aha. Masken statt Kuchen in den Backofen schieben. Wichtig ist auch, dass ein Mundschutz kein Halswärmer ist. Unter dem Kinn getragen, nützt er nichts.

Ich traue mich nicht, das den Mitarbeitern zu empfehlen, hoffe immer noch auf eine eintreffende Lieferung. Vorsichtshalber frage ich in unserer Apotheke im Dorf nach Masken.

»Nein, haben wir nicht. Ich habe meine schon seit zwei Wochen an«, sagt mir die Apothekerin.

Dann endlich – eine neue Lieferung mit Händedesinfektionsmitteln! Der Paketbringer will keine Unterschriften mehr, er wirft uns die Päckchen quasi am Eingang vor die Füße. Er ist nicht noch nicht vom Hof gefahren, sind die Pakete geöffnet und der Inhalt gelistet.

Freitag, 27.03.2020.
Mehr Infektionen.

Die Infektionen in Hessen steigen an. Alles dreht sich um die Reproduktionszahl R-Null aus der Infektionsepidemiologie. Ohne Distanzierungsmaßnahmen schätzt man sie beim Coronavirus auf drei.

Das bedeutet, dass ein Infizierter drei weitere Personen ansteckt. So die akademische Berechnung bei dieser Kennzahl. Eine Zahl, die wie ein Buchstabe aussieht.

Auch Pflegeheime sind nun bundesweit betroffen. Italien und Spanien sind eine einzige Katastrophe. In einem Pflegeheim in Spanien wurden bei Desinfektionsmaßnahmen zwölf tote Bewohner in ihren Betten gefunden. Das Personal war nicht vor Ort. Vielleicht selbst erkrankt? Die TV-Sender passen ihre Programme an, damit den Isolierten Abwechslung geboten wird.

Vom Landkreis wird ein Brief mit Informationen zur Corona Krise in unsere Einrichtung *gebracht*, für Bewohner und für die Mitarbeiter, erweitert um allgemeine Informationen zur Hygiene. Bedenken Sie: dass jeder als Corona-Toter gezählt wird, der infiziert war, unabhängig davon, ob er an dem Virus verstarb oder nicht und ebenso, dass viele, die an COVID-19 gestorben sind, nie auf das Virus getestet wurden.

Das heißt, dass die Zahlen theoretisch niedriger sein könnten, genauso gut aber auch höher. Das RKI geht jedoch von Letzterem aus. Also sind wir nicht viel schlauer. Wenn man wenig testet, hat man niedrige Zahlen.

Ferner wollen die Gesundheitsämter gemeinsam mit der Kassenärztlichen Vereinigung die Pflegeeinrichtungen mit Materialien versorgen und fragen den Bedarf montags wöchentlich ab.

Wir brauchen FFP3-Masken! Alles andere ist in ausreichender Menge vorhanden, vor allem Händedesinfektionsmittel. Der Prokurist in der Zentrale ist in ständiger Verhandlung mit Firmen, die uns mit Desinfektionsmittel beliefern. Jeden Tag kommen irgendwelche Teillieferungen. Die Task Force der Zentrale empfiehlt, bis zu fünf infizierte Bewohner in einem Raum zusammen zu legen, eine sogenannte Kohortenisolierung zwecks Praktikabilität in der pflegerischen Versorgung und dem Sparen von Material.

Das wirft schon einige Fragen der Umsetzung auf. Schließlich sind wir kein Krankenhaus, in dem die Patienten nach Bedarf auf andere Zimmer verlegt und hin und her geschoben werden können. Bei uns handelt es sich juristisch um Mietverhältnisse. Natürlich mit besonderen Zusatzleistungen, die die Pflegekassen mitfinanzieren. Da müssen alle einverstanden sein! Oder sollen wir den Speisesaal in ein Lazarett umwandeln? Aber da nicht nur Ausnahmezustand, sondern fast eine Anarchie herrscht (alles ist erlaubt, Hauptsache, den Bewohnern geht es gut), wird das wohl kein Problem werden. Eher der personelle Mehrbedarf. Woher nehmen?

Bewerbungen sind im Moment eher die Ausnahme. Kein Wunder, wer möchte unter den gegenwärtigen Umständen in der Pflege arbeiten? Einladungen zum Vorstellungsgespräch schreibe ich erst nach Ausstellung eines allgemeinen Gesundheitsattestes. An den Bemühungen des Bewerbers, dieses so schnell wie möglich zu bekommen, kann ich die Ernsthaftigkeit seines Einstellungswunsches messen. Manch Bewerber denkt, er kann sich auch gleich auf Covid-19 testen lassen. Und wundert sich über die Abweisung in den Praxen oder Testzentren.

Ich merke, wie ich wieder angespannter werde, träume von Gesprächen mit dem Geschäftsführer, in denen ich frage, ob er uns Leitungskräften vertraut.

Die politischen Einschläge treffen nun rechts wie links auf. Der britische Premier ist an Covid-19 erkrankt und muss ins Krankenhaus. Johnson setzte auf Herdenimmunität, (bedeutet, dass ein hoher Prozentsatz der Bevölkerung durch die durchgemachte Erkrankung immun wurde) das hat er jetzt davon. Trump hat Glück gehabt. Er wurde negativ getestet. Merkel ist in Quarantäne, sie hatte Kontakt mit einem Positiven.

Im DM Markt wird eine Verkäuferin von einer Kundin ins Gesicht geschlagen, weil sie Angst hat, kein Klopapier mehr zu bekommen. Bei allem Chaos passiert auch Schönes: Jeden Abend wird immer noch um 21:00 Uhr in den Fenstern der Wohnhäuser geklatscht, für die Helden der Deutschen in den systemrelevanten Berufen. In unserer Straße allerdings nicht. Da sieht man so gut wie keinen, weder am Fenster noch im Garten, hier wohnen viele ältere Menschen, also ältere, als ich es bin.

Radiosender verbreiten gute Laune, halten sich mit schlechten Nachrichten zurück. Die Wirtschaft liegt am Boden. Keine Aufträge, keine Kunden in den Restaurants, in Frisörläden, in Fitnessstudios. Das

49

öffentliche Leben ist zum Erliegen gekommen, und dem Klima gefällt es. Die Immissionen gehen zurück. Fridays for Future ist indes gestorben. Unser Urlaub im Juni in der Türkei wahrscheinlich auch.

Montag, 30.03.2020. Feten feiern in der Arbeitsstätte.

Aufgrund der wegen der Ausgangsbeschränkungen geschlossenen Kneipen und Restaurants haben wohl einige Mitarbeiter sozialen Entzug. Jedenfalls feierten am Samstagabend vier von ihnen eine Fete, den Alkohol kauften sie im nebenan gelegenen Supermarkt. Und das während der Dienstzeit. Bis morgens um fünf Uhr. Na – so gesellig kann es im Kollegenkreis sein.

Wir befragen alle Mitarbeiter einzeln und nacheinander in kurzen Abständen, so ist eine Abstimmung untereinander nicht mehr möglich. Wirklich köstlich. Vier verschiedene Geschichten, Uhrzeiten und diffuse Angaben zu Art und Güte der Alkoholika. Wenn ich auch insgeheim grinsen muss. Sie bekommen alle eine Abmahnung, durchgehen lassen kann ich das nicht.

Am Wochenende halten sich erlaubte Besucher nicht an die Regel, im Foyer zu warten, bis ihr Angehöriger gebracht wird. So können sie eine Runde spazieren gehen. Eine Bewohnerin sitzt immer im bequemen Sessel im Foyer und lässt alle rein. Na super!

Ich richte einen Notdienst für die Wochenenden und Feiertage mit der Besetzung des Empfangs ein. Die Mitarbeiter sind nicht begeistert, am Wochenende und Ostern Dienst schieben zu müssen, aber alle machen mit von der Verwaltung, Betreuung, Pflegedienstleitung und ich. Ich frage nicht, *ob*, sondern *wann* sie arbeiten wollen. So geht es viel besser.

Zumal sie es eigentlich sogar einsehen. Natürlich bei entsprechendem Freizeitausgleich. Und mir geht es damit auch besser.

Mittwoch, 01.04.2020. Jetzt knallt es.

Noch 20 Tage bis zum Ende der Osterferien. Boris Johnson liegt jetzt auf der Intensivstation. Einige Stimmen schreien schon nach Lockerung und Verkürzung, aber die Virologen warnen. Der Höhepunkt der Pandemie ist noch nicht erreicht. Uns fallen wieder Diebstähle auf. Dieses Mal sind es fünf Pakete Handschuhe, immer im selben Wohnbereich.

51

Der wahre Schrecken kommt dann vormittags mit einem Anruf des Gesundheitsamtes.

Eine Mitarbeiterin der Betreuung ist positiv getestet worden. Die Handynummer von ihr ist nicht mehr korrekt, aber ich teile der Mitarbeiterin vom Amt mit, dass sie heute zum Arzt geht und sowieso seit dem 21.03.2020 krankgeschrieben ist. Ich suche die Arztadresse aus den Krankschreibungen raus. Gut, dass der Bauzaun steht, jetzt gehen wir alle in Quarantäne. Sie hatte vor drei Wochen vier Tage nach ihrem Urlaub und vor ihrer Erkrankung auf beiden Wohnbereichen mit je 42 Bewohnern Einzelbesuche und Gruppenveranstaltungen durchgeführt.

Das konnten wir anhand der EDV -Dokumentation nachvollziehen. Also 84 Bewohner anstecken können. Schicken wir jetzt 20 Mitarbeiter nach Hause? Schließen wir die Bewohner in den Zimmern ein? Wie soll es dann weitergehen? Das Gesundheitsamt weiß es auch nicht. Bei sämtlichen Rückrufen lande ich in der Warteschleife.

Ich fasse es nicht und finde keinen Ausweg, will aber die Teams nicht verunsichern und mache einen auf unbeschwert, sachlich und gelassen. Das kostet echt viel Kraft!

Der Abstrich erfolgte vor zwei Tagen. Die Maßgabe ist: Die Behörde ordnet an. Der tägliche Anruf unserer

Task Force ist dieses Mal angespannt.

»Ich weiß noch nichts, das Gesundheitsamt hat sich noch nicht gemeldet.«

»Wie geht es euch denn?«, fragt eine Kollegin teilnahmsvoll. »Können wir irgendwie helfen?«

»Nein, im Moment könnt ihr nichts für uns tun. Ich melde mich, sobald ich es weiß, mit einer Rundmail.«

Und wir seufzen und warten. Meine Vize hat große Augen, blickt über die Dienstpläne und sagt gar nichts mehr. Jedes Mal, wenn mein Telefon schellt, stürze ich aus den Besprechungen.

Drei Stunden später versuche ich erneut, beim Gesundheitsamt telefonisch durchzukommen.

Und jetzt ich habe Glück, ich erreiche endlich die Zuständige.

»Also, ich habe Ihre Mitarbeiterin befragt, sie habe immer angemessenen Abstand zu den Bewohnern eingehalten. Also ein Face- to- Face Kontakt von mehr als 15 Minuten hat nicht stattgefunden. Ich gehe nicht davon aus, dass hier eine Gefahr besteht. Gibt es Bewohner mit Symptomen?«, fragt die Mitarbeiterin des Amtes.

So, so. Das stimmt mich sehr skeptisch. Die Betreuung hat immer nahen Kontakt zu Bewohnern, die halten bei den Gesprächen, beim Singen oder Beten mit den Bewohnern doch keine einskommafünf Meter

Abstand! Da ist wohl mehr der Wunsch der Vater des Gedankens.

»Bisher nicht. Auch keine Mitarbeiter. Dennoch haben sie im kleinen Büro der Betreuung keinen Sicherheitsabstand von 1,5 Metern einhalten können und da ist mindestens dieser Face-to-Face-Kontakt zustande gekommen.«

»Wieso eigentlich 15 Minuten? Wieso nicht 20 oder 10 Minuten? Wieso nicht zwei Meter Abstand? Das sind doch akademische Festlegungen, die ich nicht nachvollziehen kann. Wenn das Virus so infektiös ist, wie in den Medien beschrieben, dann reichen bei körperlicher Nähe auch 5 Minuten, oder?«

»Ach, wissen Sie, wenn ich gerade einen Infoflyer erstellt habe und den zur Freigabe weitergebe, ist er schon wieder veraltet und ich kann alles wieder ändern. Ich schicke Ihnen mal die Meldeliste und sie tragen alle Kollegen ein, mit denen die Mitarbeiterin Kontakt hatte im Dienst.«

But so what. Die Wissenschaftler, die Virologen, bestimmen die Politik in Deutschland und die sind selber ratlos und geben jeden Tag neue Erkenntnisse heraus. Also Dienstpläne kontrolliert und die Liste mit den Namen und Adressen des Teams verschickt. Danach Anruf bei meiner Chefin, Entwarnung. Jetzt merke ich, wie erschöpft ich bin.

Die positiv getestete Mitarbeiterin ruft mich an und stammelt unter Tränen, wie leid es ihr tut.

»Wie geht es Ihnen denn? Das ist doch jetzt das Wichtigste!«

»Beim Sprechen habe ich Luftnot, bin schlapp, aber ich habe kein Fieber. Weiß nicht, wie das passieren konnte!«

»Aber Frau Schmidt«, seufze ich. »Das Virus ist überall!« Und sie hatte Kontakt zu 82 Bewohnern. Der Super-GAU.

Und zum Feierabend kommt die E-Mail vom obersten Geschäftsführer. Es werden Tablets angeschafft mit WhatsApp und Skype-Programm.

So können sich die Bewohner Videos ihrer Lieben anschauen. In den lokalen Nachrichten berichteten die Reporter von Pflegeeinrichtungen, die das mit den Bewohnern durchführen.

Prompt kamen auch bei uns Anfragen, warum das nicht ginge. Na, das ist mal eine riesige Anschaffung für über 140 Einrichtungen. Häuser mit mehr als 80 Betten erhalten sogar 2 Tablets.

Morgen schicke ich ihm eine Dankesmail. Auch der schwärzeste Tag hat zum Glück nur 24 Stunden.

Donnerstag, 02.04.2020. Richtig dicke - Klaviatur der Verunsicherung.

Die Vorgeschichte: Eine Bewohnerin hatte über das Wochenende Fieber mit 38,9 Grad entwickelt. Der Notdienst hörte die Lunge ab, schloss die Sauerstoffmessung an, die mit 93% prinzipiell in Ordnung war bei einer 93-Jährigen. Die Lunge war frei, er diagnostizierte einen Harnwegsinfekt und verschrieb ein Antibiotikum. Der Urin Stix zeigte einen Befund mit Blut, Leukozyten und Eiweiß. So weit, so gut.

Ich war beruhigt. Am nächsten Nachmittag, am Dienstag, ging es ihr plötzlich schlechter, am Abend riefen die Pflegekräfte erneut den Notdienst an. Dieses Mal kam ein anderer Arzt, einer, der die Kunst der Blickdiagnose beherrscht. Das ist bei Medizinern gar nicht so selten. Nur oft falsch.

»Was ist das denn hier? Natürlich ist das Covid-19, völlig klar! Und warum läuft hier keiner in Schutzkleidung und Mundschutz herum? Was für eine Lusche von Heimleitung haben Sie hier? Ich werde das Gesundheitsamt informieren!«

Der Sohn wurde informiert, der Krankenwagen gerufen. Die Rettungsassistenten äußerten sich ähnlich über unsere unverantwortliche und fahrlässige Blödheit vor dem Herrn. Sie nehmen die Bewohnerin mit. Der Sohn trifft in der Zwischenzeit ein und verweigert die Genehmigung der Krankenhauseinweisung. Eine halbe Stunde wird auf dem Parkplatz vor dem Haus diskutiert.

»Meine Mutter geht nicht ins Krankenhaus. Da stirbt sie sofort, bei den Zuständen, die dort herrschen. Sie bleibt hier!«

Die Bewohnerin wird wieder zurück in die Einrichtung und in ihr Zimmer gebracht. Der Sohn fährt nach Hause. Um 2:00 Uhr nachts von Dienstag auf Mittwoch verstirbt die 93-jährige Bewohnerin. Sie schläft ruhig ein, ohne Luftnot, ohne Kampf. Ohne ihren Sohn.

Um 9:30 Uhr schellt mein Telefon. Das Gesundheitsamt. Sie hätten eine Information erhalten, dass eine an Covid-19 erkrankte Bewohnerin in der Nacht verstorben sei.

»Die Bewohnerin ist verstorben, das ist richtig, aber Covid-19 ist eine reine Blickdiagnose des Arztes! Sie wurde auf einen Harnwegsinfekt therapiert.« Ich bin echt wütend.

»Wir schicken einen vom Gesundheitsamt beauftragten Arzt, der wird posthum einen Abstrich machen.

Bitte halten Sie die Kiefergelenke offen, damit er sie nicht brechen muss. Er kann erst gegen 13:00 Uhr bei Ihnen sein. Und wenn möglich, halten Sie den Rachen mit einem nassen Waschlappen feucht.«

Fassungslos bleibt mir der Mund offenstehen. Nach 10 Stunden noch einen Abstrich nehmen?? Der kann ja nur negativ sein, oder wie lange hält sich Corona im toten Körper? Meine Vorgesetzte kommt ins Haus, nachdem ich um Unterstützung bat.

Inzwischen ist das Team der Betreuung völlig verunsichert. Drei fühlen sich mit vagen Symptomen sofort krank, der eine schlapp und abgeschlagen, der andere hat Rücken- und Bauchschmerzen, die Dritte hat morgens und abends Husten. Sie melden sich krank und gehen nach Hause.

Das Gesundheitsamt bestellt sie zum Abstrich für den nächsten Tag. In einer Nachbarstadt sind in zwei Garagen Corona Teststationen aufgebaut. Dort stehen Mitarbeiter in Schutzmontur und testen den ganzen Tag, aber nur nach Termin und bei vorliegenden Symptomen.

Ich muss eine Kontaktliste *aller* Mitarbeiter im Haus zur Behörde faxen. Fast eine Stunde lang trage ich Namen, Adressen und Telefonnummern ein. Der Datenschutz ist momentan kein Thema mehr. Die Gesundheitsexperten sind sich selbst uneinig.

Einer sagt, es sollen alle Schutzmasken tragen, die in unmittelbarem Kontakt zur infizierten Mitarbeiterin standen. Sie bekommen von mir Schutzmasken und sehen mich ängstlich an. Eine Stunde später – nach erneutem Anruf des Gesundheitsamtes - muss ich alle nach Hause schicken. Die gesamte Betreuungsmannschaft mit neun Mitarbeitern ist in Quarantäne oder krank. Bewohner bekommen nun gar keine Angebote mehr, das Besuchsverbot ist schon schlimm genug, aber sie treffen sich auf Eigeninitiative zum Mensch-ärger-dich-nicht-Spiel im Restaurant. Komischerweise fragt keiner, wo die Mitarbeiter sind. Das ist ziemlich gut, ich wüsste nämlich nicht, was ich jetzt erklären soll.

11:30 Uhr, ein Anruf vom ärztlichen Leiter des Gesundheitsamtes. Er muss eine Pressemeldung herausgeben, will den Text netterweise mit mir abstimmen. Mein Hals wird immer enger, die Stimme rauer, der Herzschlag schneller und daran ist nicht Corona schuld. »Beabsichtigen Sie, alle Angehörigen zu informieren, dass bei Ihnen eine positiv getestete Mitarbeiterin arbeitet?«

»Nein. Das bringt nur Unruhe ins Haus, den Bewohnern geht es doch gut, in den Wohnbereichen hat keiner Symptome oder Fieber!«

Ich verweise auf unsere Pressesprecherin und verspreche, mich danach wieder zu melden. Zum Glück erreiche sie in der Zentrale sofort. Ich gebe ihr die Kontaktdaten der Verantwortlichen im Gesundheitsamt und die Nummer des Pressereferenten. 20 Minuten später erhalte ich eine E-Mail aus der Zentrale. Der Deal lautet, wenn ich alle Angehörigen wasserdicht, nachweisbar und lückenlos informiere, wird unsere Einrichtung nicht namentlich genannt. Sondern nur die ungefähre Region in Hessen bekannt gegeben.

Frau Michels empfiehlt den Geschäftsführern, auf diesen Deal einzugehen. Was mich am meisten erschüttert: Der Vorstandsvorsitzende schreibt mir eine E-Mail.

»Liebe Frau Jurtendach, wir unterstützen Sie, machen Sie sich keine Sorgen. Besprechen Sie alles mit Ihrer Vorgesetzten.«

Jetzt mache ich mir richtig richtig Sorgen! Wenn der Alleroberste mich persönlich anschreibt, in einem Konzern mit bundesweit 140 Einrichtungen, dann brennt dem ziemlich der Kittel. Okay. Also alle Angehörigen informieren, am besten per E-Mail. Der Text wird mit den Geschäftsführern abgestimmt. Es dauert nicht lange, da kommen die ersten Mails von besorgten Angehörigen.

Stehen Sie unter Quarantäne? Hatte die Mitarbeiterin Kontakt zu meiner Mutter? Wir machen uns Sorgen! Wie lange soll das noch so gehen? Warum steht jetzt ein Bauzaun am Garten? Darf niemand mehr das Haus verlassen? Usw. usw. Ich weiß nicht, wie ich diese E-Mail Flut beantworten soll. Einige zeigen auch Verständnis und wünschen mir viel Kraft. Von dem Verdacht der Infizierung der verstorbenen Bewohnerin spreche ich besser nicht.

Eine Stunde später ist die Pressemitteilung online in der Osthessenzeitung. Junge, Junge, die haben es aber eilig. Nur eine vage Andeutung über eine Einrichtung im Westhessenbereich, keine Namensnennung. Puh, das ist nochmal gut gegangen.

Ich glaube, da hätten sich die Pressefutzis drauf gestürzt und uns mit Nachfragen bombardiert.

Um 13:00 Uhr trifft der Arzt für die Leichenschau ein. Er trägt eine FFP3-Maske mit Atemfilter und berichtet, dass er das Gesundheitsamt als niedergelassener Arzt unterstützt. Er war selbst trotz Schutzkleidung mit dem Virus infiziert, gilt als immun und darf im Auftrag der Behörde Tests abstreichen.

»Machen Sie sich keine Illusionen über die tatsächlichen Zahlen der Infizierten! Es wird viel zu wenig getestet, weil es nicht genügend Laborressourcen gibt.«

61

Meine Vorgesetzte fragt nach Tests, den der Konzern bezahlt, damit Sicherheit für die Belegschaft hergestellt wird. Der Arzt schüttelt den Kopf.

»Das ist keine Frage des Geldes. Es gibt nicht genügend Tests und wenn doch, dann nicht genügend Laborkapazitäten. Haben Sie den Kiefer der Toten offen gehalten?«

»Natürlich. Und ein Waschlappen hält den Rachen feucht, damit Sie Material für den Watteträger haben.«, sage ich und komme mir makaber und zynisch vor.

»Hm, das ist gut. Wahrscheinlich ist da alles in Ordnung, vermutlich eine Urosepsis nach einem Harnwegsinfekt.« Der Arzt wirkt erleichtert.

»Wie lange hält sich das Virus im toten Körper? Ist da überhaupt ein positiver Abstrich realistisch?«, fragt meine Vorgesetzte.

»Genaueres weiß man da noch nicht. Das RKI empfiehlt aktuell, keine Obduktionen an Covid-19 Toten durchzuführen, aufgrund des unbekannten Risikos einer Infektion. Aber möglich ist es schon.«

Zur Erläuterung: Eine Urosepsis ist eine Blutvergiftung durch Bakterien, die vom Harnwegs- und Genitaltrakt in die Blutbahn gelangen. Es handelt sich hier um eine lebensbedrohliche Erkrankung.

Wie ich schon mehrfach schrieb, Genaues wissen wir erst in ein paar Monaten. Der Abstrich klappt problemlos, die verstorbene Bewohnerin kann wohl jetzt vom Bestatter abgeholt werden. Dachte ich. Nun, es kam noch anders.

Am Ende des Tages ruft mich die Kripo an. Im Totenschein ist *unklare Todesursache* angekreuzt. Dabei sprach der Mediziner von einer Urosepsis, ausgehend von dem Harnwegsinfekt. Wieso kreuzt der Arzt unklare Todesursache an? Weil der mögliche Tod an Corona ein unnatürlicher Tod ist? Der Tag kann nicht mehr schlechter werden. Die Kripobeamten melden sich zur Befragung an und wollen diese draußen durchführen.

»Das geht leider nicht. Wir müssen in die Dokumentation schauen. Und vor dem Haus haben wir keinen Computer.«

Fast erliege ich einem hysterischen Lachkrampf. Ich möchte nur nach Hause, jetzt.

Die Befragung dauert zum Glück nur 30 Minuten. Die Beamten haben FFP3 Masken auf, nach einer halben Stunde müssen sie diese wieder abnehmen. Wir sitzen Ihnen zu dritt mit nackten Gesichtern einigermaßen ratlos gegenüber. Wahrscheinlich hat der Arzt sich vertan, meinen sie. An Covid-19 zu versterben ist zwar tragisch, aber ein natürlicher Tod.

63

Zwei Kollegen von ihnen sind zum Bestatter gefahren, der ziemlich in Rage ist. Wenn ein Arzt *unnatürlicher Tod* ankreuzt, hat er verdammt noch mal die Polizei zu informieren und kann die Verstorbene nicht zum Bestatter bringen lassen.

Am Ende des Tages schreibe ich per E-Mail alle Angehörigen an und informiere wie versprochen über die Vorkommnisse der letzten Stunden. Die Telefonate mit den E-Maillosen führe ich morgen. Heute kommt kein sinnvoller Satz mehr über meine Lippen.

Morgen stürzen sicher die Nachfragen ein. Die Geschäftsführung in der Zentrale ordnet an, dass die Mitarbeiter im betreffenden Wohnbereich mit FFP2 Masken und Schutzbrille arbeiten müssen. Meine Vize fährt los und kauft im Baumarkt noch Brillen ein, wir haben nur zwei im ganzen Haus.

Sind heute alle irgendwie bekloppt? Ich möchte aus diesem Albtraum endlich aufwachen. Zuhause starre ich eine ganze Weile vor mich hin, schütte mir ein Bier ein und denke wieder mal über die Richtigkeit meiner Berufswahl nach.

Freitag, 03.04.2020. Nachbeben.

Um 07:15 Uhr klingelt mein Handy. Die stellvertretende Wohnbereichsleitung will wissen, ob es stimme, dass nun alle Mitarbeiter im Demenzbereich in voller Schutzkleidung arbeiten müssen? Die Pflegehilfskraft vom Nachtdienst, mit dem zweifelhaften Ruf einer Dramaqueen und Hauspostille im Mitarbeiterkreis gesegnet, macht alle total verrückt und beschwört Untergangsszenarien hervor. Der Reinigungsdienst will den Wohnbereich nicht mehr betreten. Sie stehen vor den Umkleiden und schreien sich an.

Stimmt, ich hatte gestern Abend versäumt, eine Informationsmail an alle Teams zu schicken. Ich war einfach zu müde, um nur eine Zeile zu verfassen. Die Frühschicht steht vor einem Rätsel.

Ich kann sie beruhigen. Nein, es müssen nicht alle in voller Schutzkleidung arbeiten. Dass ich die Entscheidung der Geschäftsführung für panisch und unangemessen halte, kann ich schlecht zum Besten geben.

Die Dramaqueen wird heute Abend ihre letzte Nachtschicht arbeiten und danach für eine Woche ins Überstundenfrei geschickt.

Damit sie abschalten kann und wir wieder Ruhe ins Haus kriegen. Die Fachkraft vom Nachtdienst berichtet mir, dass sie mehr mit der Kollegin als mit den Bewohnern beschäftigt war.

»Die war richtig hysterisch, Frau Jurtendach!«

Meine Vorgesetzte ist ab Mittag im Haus und unterstützt uns. Die Telefonate mit den Angehörigen habe ich in einer Stunde erledigt. Nur einer ist nicht erreichbar. Gleichzeitig schreibe ich in die EDV Dokumentation einen kopierten Text der Durchführung. Soll ja alles wasserdicht und nachweisbar sein. Der Dienstplan für die Verwaltungskräfte wird geändert. Wer arbeitet an Ostern am Empfang? Schließlich soll nicht jeder ins Haus. Da ist die Kontrolle der Tür nebst Öffnung derselben durch Mitarbeiter besser als durch die Bewohner.

Der Notfallplan für die Besetzung im Demenzbereich steht auch.

Gemeinsam mit meinen Kollegen der Leitungen legen wir Entsendungen der entbehrlichen Mitarbeiter in den Einrichtungen in Hessen fest. Denn wenn die verstorbene Bewohnerin positiv getestet wird, müssen wir alle Mitarbeiter im Wohnbereich in Quarantäne schicken.

Sonntag bin ich an der Reihe, am Samstag meine

Vertretung, die Pflegedienstleitung.

Das Gesundheitsamt erhält meine Diensthandy-nummer, wenn das Testergebnis da ist, werde ich angerufen.

Samstag, 04.04.2020. Neues von der Testung.

So angespannt am Wochenende war ich schon lange nicht. Albträume lassen mich früh erwachen und ich kann nicht mehr einschlafen. Total müde versuche ich mittags wenigstens ein Mittagsschläfchen. Fehlanzeige. Gefühlte hundert Mal schaue ich auf mein Handy. Nachts liegt es auf meinem Nachttisch. Mein Gatte seufzt nur. Meine Vize ruft mich an und mit Herzklopfen drücke ich die Rufannahme.

Nichts gehört, im Haus alles ruhig, sagt sie. Ob das Gesundheitsamt angerufen hat?

Nein, sonst hätte ich es schon herausgeschrien. Die Mitarbeiter tragen alle in diesem Wohnbereich die FFP2-Masken und Schutzbrillen. Verunsicherung auf allen Seiten.

Besorgte Angehörige geben Pakete am Eingang ab und fragen, ob es gefährlich wird.

Wiederholt, ob wir unter Quarantäne stehen, ob ihre Angehörigen Kontakt mit der Mitarbeiterin hatten. Nein, es ist alles ruhig. Wir wissen auch nichts Näheres, und nein, die Mitarbeiterin war nicht in diesem Wohnbereich tätig und schon seit 10 Tagen nicht mehr im Haus. Der Samstag geht zu Ende und nichts Neues weiß man nicht.

Sonntag, 05.04.2020. Chefin selbst am Empfang. Mal was Anderes.

Es ist sehr ruhig im Haus, nur in meinem Inneren tobt der Mob. Noch immer kein Anruf vom Gesundheitsamt. Allmählich glaube ich nicht mehr an ein positives Ergebnis. Oder ist es noch nicht bekannt? Kann eigentlich nicht sein, das Ergebnis der anderen drei Mitarbeiter war nach zwei Tagen beim Gesundheitsamt.

Das Gute ist, ich arbeite viele Routinesachen in völliger Ruhe ab. Anrufe kommen kaum, die meisten Angehörigen melden sich im Wohnbereich, was vernünftig ist.

Manchmal fragt eine besorgte Angehörige, ob die Mutter genügend Socken im Schrank hat. Das kann ich natürlich am Empfang schlecht einschätzen, deshalb verbinde ich in den Wohnbereich. Ich schaue mir den Dienstplan an. Was machen wir bei einem positiven Ergebnis und wenn die Mitarbeiter alle – ausnahmslos – in Quarantäne müssen? Plan B liegt bereit. Ein Kollege hat mir schon einen Nachtdienst einer Fachkraft versprochen, zufällig seine Ehefrau, die Krankenschwester ist. Das ist Teamwork!

Gegen Feierabend lässt meine Anspannung allmählich nach. Das Unvermeidliche mit Würde tragen.

Montag, 06.04.2020.
Endlich das Testergebnis!

Stand Montag (14 Uhr) sind in Hessen 4668 Personen mit dem Corona-Virus infiziert. Das sind 101 mehr als am Sonntag. Bislang gibt es 64 Todesfälle, die auf das Virus zurückgeführt werden können. Nach dem Wochenende sei laut Klose bislang immer ein Rückgang bei den Infizierten festgestellt worden. Rund um Ostern müssten Kontaktverbote laut dem Sozialminister dann tatsächlich Wirkung zeigen.

Der Peak werde wohl in etwa einer Woche erwartet, so habe es auch das Robert-Koch-Institut bekannt gegeben. Ein Bericht der Osthessen Zeitung. Merkel spricht in einer Pressekonferenz von einem schrittweisen Vorgehen bei den Lockerungen in den Ausgangsbeschränkungen. Versammlungen und Großveranstaltungen bleiben nach dem 20. April verboten, Restaurants sollen wieder öffnen. Immer noch kein Anruf vom Gesundheitsamt. Um 11:30 Uhr platzt mir der Kragen und mir kocht der Blut. Ich rufe den Bestatter an, ob der Leichnam der Bewohnerin freigegeben wurde. Nach einigem Zögern berichtet er mir, dass die Staatsanwaltschaft einen natürlichen Tod bestätigt hat und die Beerdigung am kommenden Freitag stattfindet.

Und dass er auf diesen Arzt eine Scheißwut hat, weil er sich wie ein Dilettant im Zweiten-Semester-Medizinstudium verhalten hat. Wenn er schon ›unnatürlicher Tod‹ ankreuzt, muss er bitteschön gleich die Polizei einschalten und nicht den Bestatter rufen. Seine Mitarbeiter waren total hilflos, wie sie sich verhalten sollten.

»Covid-19, unnatürlicher Tod. Pah! Der hat sie doch nicht alle. Und dann macht er auch noch diesen Deal mit mir aus: Wenn Testergebnis negativ, dann ändert er den Totenschein, wenn positiv, dann nicht. Spinnt der?«

Ich kann es nicht verstehen. Spielen jetzt alle total verrückt? Er gibt mir die Praxisadresse des Arztes, der den Totenschein ausgestellt hatte. Ich rufe dort an. Der Arzt ist erst morgen wieder im Haus. Herrgott noch mal!

»Wären Sie so nett, das Labor anzurufen? Ich muss das Testergebnis nun unbedingt wissen, weil da eine Menge an Entscheidungen über Quarantäne der Mitarbeiter und der Einsatzplanung dranhängt! Der Abstrich war am 02.04.20, also vor vier Tagen! Das Ergebnis muss vorliegen.«

Sie verspricht es mir und will sich wieder melden.

Das ist so ein Moment, in dem man an den Nägeln kauen oder nach Schokolade greifen könnte. Oder eine Zigarette rauchen. Nach einer Stunde meldet sie sich.

»Es ist negativ.«

Tiefer Seufzer meinerseits. Ich könnte meinen Kopf auf der Tastatur ablegen und vor Erleichterung heulen. Das ganze Wochenende wartet man und ohne selbst initiativ zu werden, wüsste ich es jetzt immer noch nicht. Ich rufe das Gesundheitsamt an. Lande in der Warteschleife, lege wieder auf.

Den Ansagetext kenne ich schon auswendig.

Nach einer halben Stunde wieder versucht, dieses Mal habe ich Glück. Die Telefonzentrale versucht, die Verbindung herzustellen, aber alle Mitarbeiter sind in Gesprächen. Ich bitte um Rückruf unserer zuständigen Gesundheitsinspektorin, informiere meine Vorgesetzte.

Inzwischen hat der Betreuungsdienst seit drei Tagen Quarantäne, die Bewohner sind unruhig, die Angehörigen rufen dauernd an. Ob wir etwas wissen, ob wir in Quarantäne stehen, ob es den Bewohnern gut geht? Haben sie Husten oder Fieber? Ich versuche, alle zu beruhigen, gelingt aber nicht immer, am Ende reagiere ich ungeduldig und gereizt. Nachdem ich das negative Testergebnis kenne, kann ich die Mitarbeiter ja wieder zur Arbeit zurückpfeifen.

Die freuen sich, die Leitung der Betreuung setzt sich sofort ins Auto und kommt her.

»Ich sitze hier wie auf heißen Kohlen, ich muss was tun«, sagt sie. Das sind Mitarbeiter, die ich dreimal in Gold packen kann.

»Alles gut, Frau Jurtendach, wir schaffen das!« Mir steigen wieder die Tränen in die Augen.

Wir besprechen den Einsatzplan und wie die Tablets zu nutzen sind. Angehörige, die mit Video Chat die Bewohner kontaktieren wollen, werden via Tablet angerufen. Dazu hat sie als unseren Avatar unser Firmenlogo fotografiert.

Mittwoch, 08.04.2020. Erste Arztvisite per Skype.

Eigentlich ist für heute die neurologische Visite des Facharztes aus dem Odenwald geplant. Er betreibt eine Praxis in einem Krankenhaus und ist gleichzeitig Belegarzt. Neue Bewohner will er grundsätzlich erst kennenlernen, bevor er eine Therapie mit Medikamenten verordnet. Wir machen den Vorschlag, die Visite einfach per skype durchzuführen, die kann er sogar abrechnen.

Telefonische Arztvisiten kannten wir bisher nicht. Der Bewohner wird vor das Tablet gesetzt, die Kamera eingeschaltet und die Telefonnummer gewählt. Wir können den Arzt nicht sehen, nur den Bewohner.

»Was ist los?«, fragt die Wohnbereichsleitung. »Sind Sie online?«

»Ja. Aber ich kann die Kamera jetzt grad nicht einschalten.«

»Und warum nicht? Ist sie kaputt?«

»Nein, ich habe gerade gekotzt.« *Ups.*

Betretene Stille auf beiden Seiten, der Bewohner findet das alles sehr interessant, kann aber wegen seiner Demenz das Geschehen nicht zuordnen. Irgendwann geht die Kamera an.

Der Arztkittel sieht entsprechend aus, dem Doktor selber scheint das nichts auszumachen.

»Ist es wegen Covid-19?«, frage ich vorsichtig. »Nein, das ist mein Magen. Habe was Falsches gegessen ... oder ... äh, getrunken.«

Na, da sind wir jetzt wirklich erleichtert. Ärzte sind ja auch nur Menschen.

Gründonnerstag, 09.04.2020
Homeoffice für alle Heimleitungen.

Die Heimaufsicht verlangt nun eine tägliche Meldung via E-Mail über Belegung, Verdachts- oder Erkrankungsfälle an Covid-19 von Mitarbeitern und Bewohnern. Dazu benötigt jede Heimleitung im Konzern einen VPN-Kanal auf dem Laptop, um im Homeoffice arbeiten zu können.

Es funktioniert sogar von einem privaten Rechner, sollte die Heimleitung keinen Laptop besitzen. Vor drei Monaten noch völlig undenkbar. Der Leiter der IT richtet mir via Remote meinen Desktop sogar persönlich ein. Also nehme ich nach Feierabend den Laptop samt Docking Station mit nach Hause.

Am nächsten Tag lese ich die Anordnung der Geschäftsführung, dass bei allen Bewohnern und Mitarbeitern zweimal täglich die Körpertemperatur zu messen ist.

Eine Kollegin von mir hat erbost kommentiert:

»Eine tolle Idee am Gründonnerstag um 17:00 Uhr! Dazu brauchen wir noch viel mehr Thermometer, die sind im Moment nicht zu bekommen. Allein dafür muss ich eine Fachkraft abstellen!«

Ich kann sie ja verstehen, aber was nützt es. Unsere chinesischen, kontaktlosen Thermometer zum Preis von 89 Euro pro Stück sind jetzt das Dreifache wert. Mindestens.

Ostersonntag, 12.04.2020 Dienst am Empfang.

Ich fahre die sechzehn Kilometer mit dem Rennrad zur Arbeit. Das gibt mir ein gutes Gefühl, etwas für meine Fitness und die Figur zu tun. Morgens ist es noch frisch, ich brauche sogar Handschuhe, der Himmel ist strahlend blau, die Straßen nahezu leer. Ab und zu begegnen mir Radfahrer, Jogger und Hundegassigeher. Ein bisschen komme ich mir vor wie eine von den wenigen Überlebenden nach einer Naturkatastrophe. Es ist gespenstisch.

Nach 50 Minuten komme ich an und bin eine halbe Stunde zu früh im Haus. Ungewohnte Ruhe im Eingang, wo sonst die Bewohner nach dem Frühstück Platz nehmen. Auch im Restaurant spricht keiner, der Service arbeitet mit Mundschutz und Handschuhen. Das gefällt mir prinzipiell nicht, mit den Nitril Handschuhen alles anzupacken, da klebt nach kurzer Zeit die Chronik der Keime von allen Ablagen dran.

Außerdem leiden die Hände, die Haut wird förmlich aufgeweicht.

Unter dem Handschuh vermehren sich in der feuchtwarmen Kammer die Bakterien mit Freude, spätestens nach dem Ausziehen hat man ohne Desinfektion eine Kloake an den Händen.

Herzlichen Glückwunsch! Eine unhygienische Sauerei. Weder Träger noch Bewohner werden durch medizinische Handschuhe geschützt. Im pflegerischen Alltag sind sie zur Reduktion größerer Verunreinigungen, z. B. durch Kontakt mit Körperflüssigkeiten gedacht. Mich nervt vor allem, dass Kassiererinnen im Supermarkt den ganzen Tag die Dinger ohne Baumwollhandschuhe darunter tragen. Und es ist absolut nutzlos! Mit Unterziehhandschuhen funktionieren aber die Touchscreens der Kassen nicht. Und nebenbei: Kam jemals eine Meldung, dass sich die Mitarbeiter/innen im Discounter oder Baumarkt angesteckt haben? Bevor der Spuckschutz aus Plexiglas das direkte Anhusten oder Niesen verhinderte?

Zurück zu uns. Morgens kommt es zu einem emotionalen Ausbruch auf der Bank vor der Haupteingangstür.

Eine Bewohnerin setzt sich nach draußen und spricht mit ihren Töchtern in sicherer Zweimeterdistanz.

77

Die anderen Bewohner regen sich auf, warum sie das darf und die anderen nicht.

Es bleibt mir nichts Anderes übrig, als die Bewohnerin zu bitten, wieder ins Haus zu gehen. Sie bricht in Tränen aus. Die Töchter stehen hilflos vor ihr.

»Machen Sie jetzt bitte keine Schwierigkeiten«, flehe ich die beiden an.

»Wir verstehen das, Sie können keine Ausnahme machen«, sagen sie mit Tränen in den Augen.

»Gehen Sie jetzt, und gehen Sie schnell, am besten zum Bauzaun. Sie können sich über den Zaun hinweg unterhalten, hier funktioniert es nicht!«

Zögernd wenden sich die beiden Damen um und gehen Richtung Garten. Das Weinen bricht ab, die Bewohnerin steht zum Glück auf. Ich fasse sie unter dem Arm und führe sie zum Garten.

»Hier, schauen Sie, so können Sie mit Ihren Töchtern sprechen und wahren den richtigen Abstand.«

Zum Glück weint sie nicht mehr. Am Dienstag werde ich die Bänke vor dem Hauseingang entfernen lassen und im Garten aufstellen. So können sie sich beim Treffen mit Ihren Lieben vor dem Eingang nicht hinsetzen und erliegen keiner Versuchung, vor das Haus zu treten. Der Warnschuss mit der Verdachtsmeldung auf Covid-19 sitzt mir noch tief im Nacken. Es geht einfach nicht!

Eine Angehörige bringt ein riesiges Carepaket für die Mitarbeiter im Demenzbereich vorbei und bedankt sich nochmals für den Newsletter per E-Mail, den ich letzte Woche verschickte.

Mit Fotos und Neuigkeiten aus dem Haus, von Bastel- und Malgruppen mit maximal fünf Personen. Die Gottesdienste in Deutschland finden heute über Video und Youtube statt. Wir haben mit unserer Pfarrerin vereinbart, einen Wortgottesdienst ohne Organisten im Garten zu halten. Die Bewohner können entweder von ihren Zimmerfenstern oder im Garten am Gottesdienst teilnehmen.

Schon sehr skurril: Motorräder- und Autogeräusche statt Orgelmusik. Die Pastorin stellt das Mikrofon einfach lauter und so funktioniert es trotzdem. Bei strahlendem Sonnenschein das christliche Osterfest feiern. So kann ich den Bewohnern vielleicht ein bisschen Abwechslung anbieten.

Ostermontag, 13.04.2020. Freizeit.

Ich stelle mir vor, wie die Menschen nun alle dank des Coronavirus in ihren Wohnungen und Gärten sitzen, zwischen all dem Klopapier, Mehl, Backhefe und Nudeln, und nicht wissen, wie lange dieser Zustand andauern wird. Mein Mann und ich planen die Anlage einen größeren Teich im Garten. Aber schon deshalb, weil das Becken einen Riss hatte und das Wasser weglief. Unser Urlaub in die Türkei fällt aus, zumal wir Heimleitungen von der Zentrale eine Urlaubssperre unbekannter Dauer verhängt bekamen.

Dienstag, 14.04.2020.
Die Monsterbestellung von FFP2-Masken.

Der Vermieter der Wohnungen für die philippinischen Fachkräfte schickt mir eine E-Mail. Ob ich FFP2-Masken geliefert bekam. Nein? Da hat er was für mich. Er kann mir 2.000 Masken zum Nettopreis von 4,20 Euro pro Stück verkaufen! Ich kann es nicht glauben. Ein Produkt, das sonst 90 Cent kostet. Wie lange dauert die Lieferzeit? Übermorgen.
Ups. Ich rufe meine Vorgesetzte an.

»Aber nicht auf Vorkasse! Da haben wir schon schlimme Erfahrungen gemacht. Bezahlt und nichts bekommen!« Ich kann sie beruhigen.

»Nein, geht auf Rechnung. Ich kenne den Mann, der ist uns sehr gewogen. Aber es sind knapp 10.000 Euro brutto, ist dir das bewusst? Auf mein Budget alleine?« Jetzt beruhigt sie mich.

»Das wird in Hessen aufgeteilt. Mache dir keine Sorgen! Ich rede mit der Geschäftsführung.«

Zwei Stunden später erhalte ich den Auftrag. Okay. Ich bestelle 2.000 FFP2-Masken und rechne nicht wirklich mit einer Lieferung. Ich glaube gar nichts mehr, erst, wenn ich es in den Händen halte.

Mittwoch, 15.04.2020.
Exit Beratungen der Regierung mit den Bundesländern.

Heute soll es sich entscheiden. Wie schaffen wir den schrittweisen Exit? Ich habe im Newsletter für die Angehörigen geschrieben, dass wir den Mai mit der Besuchssperre noch einplanen sollten. Es ist zu früh und zu gefährlich, das Besuchsverbot aufzuheben. Aber es geht ja auch um Schulen, Kindergärten, Geschäfte. Die Wirtschaft liegt am Boden. Was ist mit den Kontakteinschränkungen in der Öffentlichkeit? Mit Reisen?

Die Schulen werden für die Abschlussjahrgänge der Gymnasien, Real- und Hauptschulen am 27.04.2020 geöffnet, mit maximal 15 Schülern in einer Klasse, um den Sicherheitsabstand zu wahren. Autowerkstätten und Autoverkaufshäuser ab dem 20.04.20.

Ebenso Bibliotheken, Buchhandlungen, Geschäfte, die nicht mehr als 800 Quadratmeter Ladenfläche aufweisen. Restaurants bleiben geschlossen, die Kontaktbeschränkungen laufen weiter bis zum 04.05.20, Reisen verboten, die Grenzen sind dicht. Merkel warnt, dass wir den kleinen Erfolg nicht gefährden.

Die Ausbreitung des Virus ist gebremst worden. Ich lerne den Buchstaben bzw. hier eine Zahl «R» als schiere Lichtgestalt kennen. Die Reproduktionszahl muss unter 1 liegen. Und das tut sie aktuell.

Kollegen aus dem 15 Kilometer entfernten Krankenhaus haben eine eigene Corona Station mit 70 Betten eingerichtet, die leer ist. Da herrscht Langeweile, Pflegekräfte werden nach Hause geschickt, während im benachbarten Krankenhaus Personal und sehr viele Patienten infiziert sind. Die Organisation dort muss hanebüchen sein.

Wir bekommen von den Krankenhäusern zahlreiche Anfragen für eine Aufnahme. Dafür kommt aber nicht jeder Patient in Frage. Demenzerkrankte sind ausgeschlossen, sie halten die notwendige Quarantäne von zwei Wochen nicht ein, sie verstehen ja nicht mal sich selber, erkennen und verstehen die Situation nicht und Corona Pandemie ist ihnen nicht verständlich zu machen. Ferner nehmen wir keine Kurzzeitpflegegäste mehr auf, nur die Patienten, die aufgrund ihres Hilfebedarfes dauerhaft in einem Pflegeheim wohnen müssen.

Damit stoßen wir nicht unbedingt auf Verständnis. Es ist bei vielen Angehörigen noch nicht durchgedrungen, dass es ein Ausnahmezustand ist. Tatsächlich diskutiere ich zwanzig Minuten mit einer

Tochter. Das Haus sei schon verkauft, in die Eigentumswohnung möchte die Mutter nicht mehr, weil sie sich zu krank fühlt, der Beckenbruch nach einem Sturz muss abheilen.

Sie hat jetzt keine Bleibe. Aber mit dem Pflegegrad 1 darf ich die Mutti nicht einziehen lassen. Das war schon vor Corona so. Die Pflegekassen vertreten die Auffassung, mit Pflegegrad 1 kann man es in der Häuslichkeit mit ambulanten Hilfen schaffen und muss nicht in die stationäre Pflege.

Auch wenn sie alles selbst zahlen können. Diese Auffassung teile ich auch. Es geht nicht.

Dann müssen sie sich einen Wohnstift suchen, der nicht unter das Heimgesetz fällt und komplett als Selbstzahler auftreten, so locker mit mindestens. 5.000 Euro monatlich, ohne Pflegeleistungen natürlich.

»Was hätten sie denn gemacht, wenn sie nicht gestürzt wäre?«, frage ich skeptisch nach. Haus verkauft, die Wohnung will sie nicht, also ehrlich.

»Dann wäre sie bei mir eingezogen, bis wir eine Alternative gefunden hätten. Aber jetzt nach dem Beckenbruch, das geht nicht bei mir. Ich muss arbeiten gehen.«

Und ich muss ablehnen. Ein echtes Luxusproblem zu diesem Zeitpunkt. Das kann ich nicht lösen.

Morgen sollen im Lidl kontaktlose Fieberthermometer zu bekommen sein. Pro Stück nur 9,99 Euro. Na, der Preis ist ja sensationell. Wie dankbar waren die Mitarbeiter, als wir die ihnen zur Verfügung stellten. Und jetzt soll es tatsächlich welche zum Normalpreis geben! Auch das glaube ich erst, wenn wir sie in den Händen halten.

Donnerstag, 16.03.2020. Die Massenlieferung trifft ein.

Ich starte meinen Arbeitstag heute erst um 9:00 Uhr und reise mit dem Rennrad an. Stolz präsentiert mir meine Vize drei Thermometer. Ich bin begeistert.

»Wie jetzt? Sie haben wirklich drei auf einmal bekommen?«

»Ich hatte meine Visitenkarte dabei, mein systemrelevanter Beruf machte es möglich. Allerdings war ich in zwei Lidl-Läden. Die meisten wollten nur die billigen Gartenmöbel, an Thermometer war niemand interessiert.«

Wir schütten uns fast aus vor Lachen. Niemals vorher hätten wir uns so über einen simplen Kauf gefreut. Jetzt haben wir sechs kontaktlose Thermometer und sind mit Sicherheit führend im Konzern.

Es gibt Pflegedienstleitungen, die die Messungen mit dem Laser nicht für genau genug halten.

Was jetzt ein Luxusproblem ist - was sind schon 0,5 Grad Differenz? Bei 42 Bewohner im Wohnbereich zweimal täglich Temperatur rektal messen und natürlich dokumentieren – nicht durchführbar.

Um 13:00 Uhr treffen zwei riesige Pakete ein. Die FFP2-Masken! Heute ist unser Glückstag. Wir sind wahrscheinlich die einzige Einrichtung im Konzern, die eine solche Bevorratung hat. Freudestrahlend schreibe ich eine Information an die Kollegen im E-Mail-Verteiler. Und bekomme prompt die erste Bestellung. Ein Kollege aus Baden-Württemberg möchte gerne 100 Stück. Ob ich schnell schicken kann? Ups, der hat Not. Ich rufe ihn an.

»Wir haben drei erkrankte Bewohner an Covid-19 und vier positiv getestete Mitarbeiter. Ich brauche unbedingt Material, damit hier keiner durchdreht.«

»Sind die Bewohner in einem Zimmer? Oder bleiben sie in allein in Quarantäne?«

»Das Gesundheitsamt und die Heimaufsicht halten nichts von Kohorten. Das musste ich meinem Vorgesetzten erstmal begreiflich machen. Jetzt will er mit den Behörden sprechen. Soll er doch. Ich bringe es nicht über mich, die drei Bewohner in ein viel zu kleines Doppelzimmer umzusiedeln. Wir kriegen es auch personell hin, ich hoffe nur, dass es nicht schlimmer wird. Gott, ist das alles eine Scheiße!«

Ja, das ist es. Die Presse hat man auch am Hals. Nachmittags trudelt die Rechnung für die Masken ein: 9.983 Euro. Ich leite sie gleich weiter an meine Vorgesetzte, in dieser Höhe darf ich nichts freigeben.

»Kein Problem, Corinna. Wirklich nicht. Kann dein Hömsel da auch noch mehr liefern? Ich habe gleich eine Telko mit der Geschäftsführung.

Bis jetzt kam ja keine Lieferung an. Ist an den Grenzen in andere Hände gelangt.«

»Wie viele sollen es denn sein?«

»4000 – 6000 Stück, was geht.«

»Okay, ich frage ihn.«

Olala. Unsere Einrichtung wird jetzt federführend mit den Masken, die man in Deutschland quasi dreimal in Gold packen könnte, so wertvoll sind sie.

»Maximale Lieferung sind 500.000 Masken, mehr geht wegen der Fracht im Flugzeug und Zoll nicht.«

»500.000 Stück? Was? So viel können Sie beschaffen? Wieso können das die anderen Lieferanten nicht?«

»Wir schreiben ‹Kulis›, ‹T-Shirts› und ‹Prospekte› auf die Kartons. Sonst wird es geklaut. Bloß nicht FFP2-Masken in die Lieferscheine!«

87

Also - 500.000 Masken wären eine Bestellung im Wert von zwei Millionen Euro. *Echt jetzt?*
»Wir brauchen so 4000 – 6000 Stück. Das würde uns schon reichen.«

Samstag, 18.04.2020. Lockern der Beschränkungen.

Fast sehnsüchtig warten die Deutschen auf die Lockerungen des Shutdown im Land. Frisöre sollen ab dem 4. Mai wieder öffnen. Aber ich werde noch keine Frisörin ins Haus lassen. Bis zum 4.5.20 bleiben die Besuchsverbote in Pflegeheimen bestehen. Und ich habe eine Heidenrespekt vor einer kompletten Öffnung. Pflegeheime haben Ausbrüche mit positiv getesteten Bewohnern, die die Staatsanwaltschaft Untersuchungen durchführen lässt. Wer ist schuld an diesen Erkrankungen und Todesfälle? Wurde gegen das Infektionsschutzgesetz verstoßen?

Eine Pressemeldung berichtet von einem freigestellten Heimleiter, dem genau das vorgeworfen wird: Er hat keinen Mundschutz im direkten Bewohnerkontakt getragen und wurde von der Geschäftsführung freigestellt. Mir wird klamm.

Und der Kanzler Kurz aus Österreich kommt zu ungewohnt hohen Beliebtheitszahlen, jetzt zeigt er es dem großen Bruder! Mit perfektem Äußeren, ähnlich einem Urenkel des Bayernkönigs Ludwig, mit sorgfältiger Wortwahl und überzeugender Durchsetzungskraft zeigt er den Deutschen, wo es langgeht mit dem Exit.

Nur über Bad Ischgl schweigt er sich aus. Österreich hat ja nicht unerheblich zur Ausbreitung beigetragen. Vielleicht sind im nächsten Jahr die Österreicher nicht mehr ganz so arrogant, wenn deutsche Touristen ihre Wirtschaft wieder ankurbeln.

Und der Söder aus Bayern? Der hat in Drachenblut gebadet, gibt ebenfalls die Marschrichtung für die Bundesländer vor. Warum finde ich den auf einmal gut? *Hm.*

Corona bewirkt Veränderung auch in der Haltung. Recht hat, wer Erfolg im Eindämmen des Virus hat.

Hessen ist mit den Infektionszahlen auch sehr moderat angestiegen. Wir liegen halt günstig in der Mitte des Landes.

Eine Nachricht auf dem Diensthandy von gestern Abend. Mist, ist mir entgangen, war zu müde. Betrunkene haben versucht, einen Teil des Zaunes vom geschützten Bereich zu stehlen und auf ihren Wagen zu laden.

Couragierte Mitarbeiter riefen die Polizei und die Fachkraft vom Nachtdienst ließ ihren Mann kommen, der den Zaun wieder aufstellte. Das Ganze hat ja nichts mit Corona zu tun, aber wie bekloppt ist die Welt?

Ich bedanke mich herzlich bei allen Mitarbeitern des Nachtdienstes für ihr Engagement und Vorgehen.

Montag, 20.04.2020. Der Verkehr auf den Straßen nimmt wieder zu

»Wir haben den Virus auf den Fingernägeln Ihrer Mitarbeiter gefunden, und zwar auf Mittel-und Ringfinger. Nachdem sie die Kunstnägel entfernt hatten. Sie sind schuld an dem Ausbruch und werden ab sofort freigestellt!«

»Das will ich schriftlich!«, brülle ich meine Vorgesetzte an. »Dann gehe ich eben jetzt schon in Rente! Sehr doch zu, wie ihr mit dem Coronascheiß zurechtkommt!«

Schweißgebadet wache ich auf. Ein Albtraum. Gott sei Dank. Oder wem auch immer. Zu viel das Spiegelmagazin gelesen und die Kurznachrichten verfolgt. Klar, es muss immer ein Bauernopfer geben. Und das ist die Heimleitung.

Heute bekommen wir wieder eine Lieferung von der Stadt: 60 FFP2-Masken, 20 Pakete Handschuhe und 100 einfache Mund-Nasenschutz.

Super. Das liefert der Kreis an alle Pflegeeinrichtungen aus. Das muss man den Politikern des Landkreises echt lassen: Sie unterstützen, wo und wann sie können. Wir haben genügend Materialien im Falle eines Ausbruchs. Ich hoffe, heute kann ich wieder ohne Albträume schlafen.

Unsere 1900 FFP2-Masken werden heute von meiner Vorgesetzten aufgeteilt. Sie nimmt für alle Einrichtungen in Hessen deren berechneten Anteil mit.

Und ich frage mich, ob ich und mein Ehemann im Dezember 2019 nicht an Covid-19 erkrankt waren. Fieber, Rasselgeräusche auf der Lunge, erschwerte Atmung, seltsamer Geschmack auf der Zunge. Das ging fast drei Wochen so. Keine normale Erkältung, wie man das in den Wintermonaten so kennt. In China auf den Menschen gesprungen? Wieso ist man da so sicher? Sobald die Immuntests einigermaßen sicher sind, wäre es mir sogar 180 Euro wert, diesen durchführen zu lassen. Meine Angst würde sich deutlich reduzieren, meine Angehörigen oder meinen Enkel anzustecken, der gerade mal 17 Monate alt ist und den ich so gern wiedersehen würde.

Gerüchteweise soll das Virus aus einem Labor in der Nähe der Stadt Wuhan ausgebüchst sein. Trump kündigt Konsequenzen an, sollte sich das bewahrheiten. Niemand kann diesen Vollhorst wirklich ernst nehmen, aber er ist nun mal der Präsident und wird spirituell von einer Evangelikalen beraten und begleitet. *Ach du meine Güte.*

Eine Angehörige wollte heute ihre Mutter zum Spazierengehen abholen.

Sie hätte gehört, es wäre wieder offen. Den Zahn mussten wir ihr ziehen. Es bleibt beim Bauzaun- und beim Fensterbesuch.

Die Pflegekassen finanzieren weitere Lieferungen von Masken und Mund-Nasenschutz. Bestellen kann man über den Verband. Die Meldung ist kaum draußen, schon ordere ich das nächste Paket im Wert von 1.100 Euro.

Dienstag, 21.04.2020.
Jetzt doch Maskenpflicht in der Öffentlichkeit?

Hessens Bouffier überlegt, ob die allgemeine Pflicht zum Tragen von einfachen, selbst gebastelten, gestrickten, geschneiderten Tüchern in Hessen zur Pflicht werden soll.

In seinem Finanzministerium hat sich übrigens aktuell der zweite Abgeordnete umgebracht.

Das DIVI - Intensivregister (Deutsche interdisziplinäre Vereinigung für Intensiv- und Notfallmedizin) https://www.intenivregister.de/ zählt derzeit 30.000 freie Intensivbetten in Deutschland. Nachdem seit drei Tagen eine Meldepflicht gilt, können sich Ärzte nun informieren, wie es etwa in der Nachbarklinik oder in Gesamtdeutschland aussieht. Das klingt beruhigend, wenn man sich die Situation in Italien und Spanien ansieht. Prozentual werden die meisten Covid-19-Patienten in Süddeutschland und im Westen der Republik intensivmedizinisch versorgt. Im Nordosten ist die Lage noch verhältnismäßig entspannt. Klar.

Mecklenburg-Vorpommern hat den Tourismus verboten, also wird nicht so viel Infektionen eingeschwemmt. Wie ist denn die Rechtslage in Deutschland zu Triage-Entscheidungen?

Triage bedeutet, wenn sich ein Arzt wegen fehlender Ressourcen von Geräten entscheiden muss, der eine Patient wird beatmet, der andere nicht. Weil er schon zu alt oder aus anderen Gründen chancenlos ist. Die Rechtsordnung darf hier nichts Unmögliches verlangen.

Außerdem sind ethische Entscheidungen nun auch nicht wirklich Neues. Das war schon zu meinen aktiven Zeiten auf der Intensivstation so. Aber da galt auch noch, ein volles Bett ist ein gutes Bett. Heute gelten die DRGs (Diagnostic related Groups), Bezahlungen pro Fall, und die Nebendiagnosen bringen das meiste Geld für ein Krankenhaus. Wenn nicht, dann muss man Pflegepersonal einsparen.

Heute Morgen gab es wieder Aufregung im Wohnbereich im 1. Stock. Eine Bewohnerin hatte plötzlich Fieber bis 39.5 Grad entwickelt. Die Fachkraft des Nachtdienstes versuchte, die Pflegedienstleitung um 5:00 Uhr anzurufen, erreichte sie aber nicht. Dann startete sie einen neuen Anruf bei der stellvertretenden Pflegedienstleitung um 06:30 Uhr. Was sie jetzt machen solle? Die Bewohnerin hätte hohes Fieber.

»Bleib' cool. Miss alle Vitalwerte, besonders die Sauerstoffsättigung. Menschen können auch ohne Corona Fieber entwickeln. Schau, dass sie Flüssigkeit bekommt und trinkt.«

Meine Vize ist noch nicht im Haus, sie ist auf Hamstertour für Putzlappen. Ab gestern gilt das dreimalige routinemäßige Desinfizieren für das Reinigungspersonal von viel benutzten Flächen wie Handläufe, Türklinken, Aufzugtableaus. Dafür werden die Büros nur einmal pro Woche gereinigt. Was auch in Ordnung ist.

Ich gehe auf den Wohnbereich und schaue mir die Bewohnerin an. Sie ist hochbetagt, nimmt immer mehr an Gewicht ab und war in ihrem Berufsleben Ärztin. Sie erkrankte vor drei Jahren plötzlich an Demenz und zeigte ein auffälliges Verhalten.

Sie fand den Heimweg nicht mehr, fühlte sich bestohlen und verfolgt, vergaß zu essen. Der Sohn brachte sie dann zu uns. Ein Einzelzimmer kann er sich nicht leisten für sie, die teure eiweißreiche Ergänzungsnahrung von einer Firma für 100 Euro monatlich auch nicht.

Eine Verordnung stellen die Hausärzte nicht aus, dafür gibt es strenge Kriterien. Krebserkrankung zum Beispiel, Gewicht liegt unter einem BMI (Body Mass Index) unter 15. Wenn ich mir überlege, dass Ärzte nicht zum Mindestlohn arbeiten, wäre der Bezug von einem Einzelzimmer im Pflegeheim zumindest nicht ganz abwegig. Die Kosten werden ja vom Sozialamt auch übernommen. Der Verdacht einer Rentenüberweisung auf das eigene Konto liegt nahe, geht mich aber nichts an, solange die Heimkosten bezahlt werden.

Sie liegt auf der Seite, atmet ruhig und mit offenem Mund. Auf Ansprache reagiert sie schon lange nicht mehr. Die Sauerstoffsättigung beträgt 95%, ist also völlig in Ordnung. Die Vorlage im Slip weist dunklen Urin auf. Vermutlich zu wenig Flüssigkeit zu sich genommen und sie hat einen Harnwegsinfekt. Die Ärztin will mittags ins Haus kommen. Okay. Wir müssen die Handlungsschritte bei plötzlichem Fieber, was sonst keine Pflegefachkraft aus der Fassung bringt, aufzeigen und für die Mitarbeiter aushängen. Corona Hysterie.

Mittags verschreibt die Ärztin ein Antibiotikum gegen die Blasenentzündung. Das Fieber ist gesunken, sie erhält Infusionen. *Wasser ist Leben*, sage ich immer.

18:40 Uhr. Die Hessische Landesregierung hat am Dienstagabend eine Maskenpflicht beschlossen. Diese gilt ab dem kommenden Montag. Die Bürgerinnen und Bürger müssen einen Mund-Nasen-Schutz tragen, wenn sie die Fahrzeuge des öffentlichen Personennahverkehrs nutzen oder den Publikumsbereich von Geschäften, Bank- und Postfilialen betreten. Professionelle Masken bleiben jedoch dem medizinischen Personal vorbehalten.

Die Pflicht, einen Mund-Nasen-Schutz zu tragen, gilt nicht für Kinder unter sechs Jahren oder Personen, die aufgrund einer gesundheitlichen Beeinträchtigung oder einer Behinderung keinen Mund-Nasen-Schutz tragen können.

Das Nichttragen einer Maske stellt eine Ordnungswidrigkeit dar. Wenn Bürgerinnen und Bürger keine Maske im Gesicht haben und - nachdem sie angesprochen wurden, keine aufsetzen, kann ein wiederholter Verstoß mit einem Bußgeld von 50 Euro belegt werden.

Da gehe ich doch morgen noch einkaufen ohne Mund-Nase-Bedeckung.

Mittwoch, 22.04.2020. Frisöre dürfen am 04.05.2020 wieder öffnen.

Gesichtsnahe Dienstleistungen wie Augenbrauen- und Wimpernfärben, Rasieren und Bartpflege dürfen derzeit nicht ausgeführt werden. Jegliche Bewirtung hat zu unterbleiben. Auch Zeitschriften dürfen nicht zur Verfügung gestellt werden. Kundinnen und Kunden dürfen sich derzeit die Haare nicht selbst föhnen, um Kontakte mit Geräten so gering wie möglich zu halten. Nach jeder Kundenbehandlung sind Kontaktflächen wie Friseurstuhl und Ablagen mit einem fettlösenden Haushaltsreiniger abzuwischen.

Abgeschnittene Haare sind sorgfältig zu entfernen, nicht mit dem Föhn, mit Pinsel oder Ähnlichem. So lautet die Anweisung des BGW in Abstimmung mit dem Zentralverband des Deutschen Friseurhandwerks und der Gewerkschaft.

Für eine Bewohnerin, 93 Jahre, war der Frisörbesuch im Haus stets das Highlight der Woche, wenn es auch nur des Waschens, Legens und Föhnens bedurfte. Der Frisörsalon ist der Ort der sozialen Begegnung. Frisöre sind nicht nur zum Haareschneiden da, sie sind gleichzeitig Sozialarbeiter, besonders im Pflegeheim. Heute ist Mittwoch, der Tag, an dem in der Vergangenheit die Frisörin präsent war.

»Ich muss zum Frisör, sehen Sie mal, wie ich aussehe«, sagt sie zu mir. »Wie rückwärts durch die Hecke gezogen! Ich brauche nicht nur einen Schnitt, ich brauche auch eine Dauerwelle! Dann gehe ich eben in die Stadt zu einem anderen Frisör.«

»Frau Fischer, die Frisöre haben in Deutschland alle schließen müssen. Wir wissen noch nicht, wann hier wieder geöffnet wird. Es ist Ausnahmezustand in Deutschland, das Virus krempelt unser ganzes Alltagsleben um. Es ist doch zu Ihrer Sicherheit!«

»Ach was. Dann sterbe ich eben drei Tage eher. Was solls? Aber wenigstens mit einer gescheiten Frisur will ich vor den Herrgott treten, verstehen Sie das nicht?«

Ich nicke. Ja, ich verstehe sie sehr gut sogar. Eine Mitarbeiterin, die vor ihrer Fachkraftausbildung als gelernte Frisörin arbeitete, hatte mir und meiner Vize heimlich die Haare geschnitten. Meinen Termin konnte ich wegen Schließung nicht mehr wahrnehmen und ich fühlte mein Haupt wie unter einem Mopp begraben.

»Aber sehr viele Ihrer Mitbewohner werden auch sterben, wenn es hier bei uns ausbricht.

Und die wollen vielleicht noch nicht dem Herrgott gegenüberstehen. Die Mitarbeiter werden krank, müssen zuhause bleiben und wer soll sie dann pflegen?« Sie geht grummelnd weg. Natürlich ist das alles schlimm. Sie hat keine Angehörigen mehr, Besuche vermisst sie nicht, sie hatte vor Corona schon keinen. Dann noch nicht mal den Frisör besuchen können. *Seufz.*

Nachmittags wird wieder eine Ladung Masken und Mund-Nasen-Schutz vom Verband und auf Kosten der Pflegekasse angeliefert. Also, wir sind wirklich gut versorgt, das Lager platzt aus allen Nähten. Dennoch wird den Wohnbereichen nur zugeteilt, der Diebstahl von Masken, Handschuhen und Desinfektionsmitteln lässt nicht nach.

Allein unser Handschuhverbrauch ist auf das Doppelte angestiegen, dabei sind wir noch immer clean. Was soll das erst bei einem Ausbruch werden?

Donnerstag, 23.04.2020.
Die Urlaubssperre für die
Leitungskräfte wird aufgehoben!

Das sind doch mal gute Nachrichten! Jetzt muss ich mich nur mit meinem Kollegen in der Nachbareinrichtung abstimmen, wann er Urlaub nimmt. In Corona Zeiten vertreten sich die Heimleitungen im Covid-19 - Ausbruch.

Und noch eine positive Meldung. Ich habe unserem Sprecher für die Region Hessen eine Systemfrage gestellt, die positiv beantwortet wurde.

»Wenn es einen Ausbruch im Demenzbereich gibt, brauchen die ein eigenes Faxgerät, um mit dem Arzt kommunizieren zu können. Beim Verdachtsfall vor drei Wochen mussten die anderen Wohnbereiche die Faxanforderungen, Kopien und Scans übernehmen, weil die Mitarbeiter den Wohnbereich nicht verlassen durften. Das ist so nicht hinnehmbar.«

Nach einer Stunde bekomme ich die Genehmigung, ein Fax anzuschaffen.

Natürlich führe ich den Auftrag unverzüglich aus. Und nicht nur ein einfaches Faxgerät. Ich will ein Multifunktionsgerät, das nicht nur faxen, sondern auch scannen und kopieren kann.

Für nur 279 Euro bestelle ich das bei unserem Händler des Vertrauens – Conrad.

Seit zwei Jahren versuche ich, die Genehmigung zu bekommen. Erfolglos. Die Geschäftsführung stimmte nicht zu. Weil natürlich dann alle ein Gerät wollen. In einem Konzern mit 140 bundesweiten Einrichtungen ein ordentlicher Investitionsposten. Aber mal ehrlich: Die Arbeitszeit, die eine Fachkraft verbraucht, um zum zentralen Kopierer zu laufen und wieder zurück, und das mehrmals am Tage, was kostet denn das?? Manche Zahlenmenschen haben keine Vorstellung vom Daily Work. Absolut gar keine. Corona sei Dank. Nun bekommen wir es. Ich freue mich sehr für die Mitarbeiter.

Am Spätnachmittag kommt wieder eine Lieferung vom Verband. Dieses Mal sind es Overalls mit Kapuze, 50 Stück. Ab ins Lager. In der Hoffnung, dass wir sie nie brauchen.

Die Geschäftsführung in der Zentrale ordnet an, dass keine Frisörleistungen bei uns durchgeführt werden dürfen. Eine entsprechende Information ging an die Frisörbetriebe von Kornet.

Das ist der Dienstleister für Frisörleistungen in Pflegeheimen. Für die Firma wirklich bitter. Die hatten sicher gewaltige Geschäftsverluste in den letzten Wochen, wie sehr viele Betriebe.

101

Mit tut es aber auch für die Bewohner leid. Immer noch kein Frisör im Haus, kein Hauch von Normalität erkennbar.

Freitag, 24.04.20. Entscheidungshilfen der Deutschen Geriatrie Gesellschaft DGG – für eine Einweisung ins Krankenhaus im Covid-19-Fall

Muss wirklich jeder Bewohner, der positiv getestet wird, ins Krankenhaus?

Diese Frage treibt mich um. Wäre es nicht vernünftig, ihn im gewohnten Umfeld zu versorgen und zu pflegen, wenn die Vitalwerte (Blutdruck, Sauerstoffsättigung, Atmung und Fieberentwicklung) keinen bedrohlichen Zustand darstellen? Zur Einschätzung der Sinnhaftigkeit einer Krankenhauseinweisung im Infektionsfall und natürlich ethische Begründungshilfen im Falle einer rein palliativen Versorgung, sollen drei Bereiche berücksichtigt werden, die nach Einschätzung der CGG mit vertretbarem Aufwand im Alten- und Pflegeheim bereits im Vorfeld erfassbar sind:

- **Allgemeinzustand** (**AZ**) definiert die geistige, körperliche und seelische Verfassung eines Menschen. Beobachtungsbereiche zur Einschätzung sind das Erscheinungsbild, die kognitiven Fähigkeiten, Kommunikation und Mobilität sowie die Aktivität. Das Ergebnis der Bewertung wird eingeteilt in guter, leicht reduzierter, reduzierter und stark reduzierter Zustand. Die Orientierung erfolgt subjektiv nach dem persönlichen Erscheinungsbild wie der körperlichen Verfassung (Konstitution), die sich:

1. aus dem Ernährungszustand, der Kondition und der Hautbeschaffenheit und -färbung ergibt,

2. dem Grad der Umsetzung persönlicher Hygiene und

3. der Art und Angemessenheit der Bekleidung in Bezug auf Zustand, Sauberkeit, Jahreszeit zusammensetzt. (Quelle Wikipedia).

- **Fähigkeit der Selbstversorgung**, z.B. Barthel-Index und die Pflegegrade 1-5. Der Barthel Index wie der Pflegegrad bestimmen den Selbständigkeitsgrad (100% bedeutet selbständig, 0% ist gleich zu setzen mit völlig auf Fremdhilfe angewiesen zu sein).

Der Pflegegrad 1 überwiegend selbständig, der Pflegegrad 5 bedeutet unselbständige Lebensführung.

Nach der Bewertungstabelle der WHO-Skala (auch *Karnofsky-Index, Zubrod Score oder ECOG*) gibt es fünf Abstufungen der Aktivität:

Grad 0: Patient ist in der Lage, ohne Einschränkungen alle normalen Aktivitäten auszuführen.

Grad 1: Patient ist bei physisch belastenden Tätigkeiten eingeschränkt, jedoch mobil und in der Lage, leichte Arbeiten zu verrichten.

Grad 2: Patient ist mobil und kann sich selbst versorgen, jedoch keinerlei Arbeiten verrichten, die mehr als 50 % der Wachstunden ausmachen.

Grad 3: Patient ist nur eingeschränkt fähig, sich selbst zu versorgen; er verbringt mehr als 50 % der Wachstunden im Liegen oder Sitzen.

Grad 4: Patient ist vollständig behindert, kann sich nicht selbst versorgen und ist ortsfixiert beziehungsweise bettlägerig.

- **Kognition und Kommunikation.** Beinhaltet das Hör- und Sprechvermögen und die Fähigkeit zur Verständigung. Der Allgemeinzustand ist von großer Relevanz. Es scheint daher geboten, dass wir die Funktionalität nicht zum Erkrankungszeitpunkt einschätzen, sondern zum Zeitpunkt *vor* Auftreten der schweren akuten Erkrankung, z. B. zwei bis vier Wochen zuvor. Bewohner haben schon sehr offen geäußert, dass sie ohnehin bald sterben müssen, auf ein paar Tage käme es nicht an. Allein, das sind die Bewohner, denen es zum gegenwärtigen Zeitpunkt gut geht, die sich eines für ihre Altersklasse optimalen Allgemeinzustandes erfreuen.

Sofern Betroffene selbst keine oder nur noch eingeschränkte Angaben machen können, gilt es, die Patientenverfügungen unter die Lupe zu nehmen. Ich werde das mit den Wohnbereichsleitungen besprechen. Wir müssen uns mit den Angehörigen und den Ärzten im Erkrankungsfall individuell auseinandersetzen. Je mehr ich darüber nachdenke, umso weniger komme ich zu einem Ergebnis. Also lasse ich es irgendwann sein. Bitte, bitte. Bleiben Sie alle gesund! Bei der Überprüfung der Pflegedokumentation zeigt sich ein Unterlassen des Abzeichnens von allen pflegefachlich durchzuführenden Behandlungsmaßnahmen auf einem Wohnbereich. Ich bin echt fassungslos.

Die Mitarbeiterin hat heute frei. Ich schicke ihr eine E-Mail. Sie sei nicht dazu gekommen, schreibt sie, weil sie wegmusste. Darüber werden wir uns am Montag unterhalten. Sie wollte die Dokumentation am Samstag nachholen.

Nicht zu fassen. Telefonat mit meiner ältesten Tochter. Die Schulen öffnen am 27.04.2020 wieder. Da Lehrer nicht zu den systemrelevanten Berufen gehören, haben sie keinen Anspruch auf Kinderbetreuung. Meine Tochter ist Lehrerin und mein Enkel 17 Monate alt. Selbst wenn die Schule eine Kinderbetreuung organisiert mit arbeitslosen Erzieherinnen und Erziehern, welches Spektrum, welche Altersklassen können sie betreuen? Ist Wickeln und Füttern, Schlafmöglichkeiten mit drin?

Meine Tochter ist eine Löwenmutter. Sie gibt ihren Sohn nicht ab, an wildfremde Menschen, die sie nicht kennt, die mein Enkel nicht kennt. Die Wellen schlagen hoch. Ich bin gespannt, wie sie das Problem lösen wollen. Die Abschlussklassen müssen ihre Prüfungen, das Abitur ablegen. Wenn es auch noch Lehrer mit Vorerkrankungen gibt, die vom Unterricht ferngehalten werden müssen wegen einer Infektionsgefahr, wer nimmt dann die Prüfungen ab?

Nach drei Tagen ist klar, dass sie weiterhin von zuhause aus arbeiten darf. Sie hat keine prüfungsrelevanten Fächer. Na also. Die Löwenmutter fährt die Krallen wieder ein.

Samstag, 25.04.2020.
Irgendwie haben sich alle mit der Situation arrangiert.

Man trägt jetzt übrigens Maske, also einen Mund - Nasenschutz, zum Schutz der anderen, falls es jemand noch nicht verstanden hat. Aber nur, wenn die Maske auch die Nase bedeckt. Ab Montag ist es in Hessen Pflicht. Das Abstandhalten und die Handhygiene bleiben verpflichtend, vor allem dann, wenn die Abstände nicht eingehalten werden können. Also im Supermarkt, im öffentlichen Nahverkehr, in Banken, Behörden usw. Auch ohne große Kontakte zu anderen. Es breitet sich eine gewisse Lethargie aus, scheint mir. Da nimmt es nicht wunder, dass die Exit-Diskussionen lauter werden. Aber Merkel lässt keine Diskussionen mit ihren Ministern zu. Am besten ist es, ihre Vorschläge gut zu finden oder schweigen.

So kommt es mir vor. Wenn am Montag die Schulen in Hessen für die Abschlussklassen wieder öffnen, müssen die Mindeststandards wie Klopapier ausreichend vorhanden sein, aber Seifenspender, Einweghandtücher und funktionierendes Warmwasser sind nicht selbstverständlich.

Welche Schwächen unser Schulsystem aufweist, bringt das Virus gnadenlos an den Tag.

Warum wir weiterhin eine der geringsten Sterberaten auf der Welt haben, ist mir unerklärlich. Es sei denn, es ist auf die geringe Zahl der Tests zurückzuführen. Getestet wird nur, wer Symptome hat.

Oder so tut, als hätte er welche, um an einen begehrten Abstrich zu kommen. Dieser erfolgt nun zweifach: im Rachen und in der Nase. Das erklärte mir die Mitarbeiterin des Gesundheitsamtes. Die positiv getestete Mitarbeiterin erhielt am Dienstag einen negativen Befund. Am Donnerstag wurde sie erneut abgestrichen. Sollte der negativ sein, darf sie am Dienstag, vielleicht sogar am Montag, wieder zur Arbeit erscheinen. Ich habe noch zwei Pflegeassistentinnen einstellen können. Mein ganzes Denken kreist um Bunkern von FFP2-Masken, Händedesinfektionsmittel, Mund-Nasen-Schutz, Organisieren von zusätzlicher Hardware wie ein Faxgerät, Gewinnen von Mitarbeitern, die arbeiten dürfen, wenn ein ganzer Pulk in Quarantäne geschickt werden müsste. Das Gesundheitsamt wird sich nicht um die Abdeckung der Schichten kümmern oder um die Erledigung des Daily Work, die Versorgung von pflegebedürftigen Bewohnern.

Sie schicken die Mitarbeiter weg und zucken mit den behördlichen Schultern. Sehen Sie doch zu, wie Sie jetzt fertig werden.

Die Versorgung der Bewohner, das ist für das Gesundheitsamt kein Thema. Dazu müsste der Konzern dann den Katastrophenschutz alarmieren. Auf das Rekrutieren von Medizinstudenten habe ich zunächst verzichtet. Es gibt Institutionen, die es dringender benötigen.

Montag, 27.04.2020.
Lockerung des Shutdown?

Ich schicke den Angehörigen meinen Newsletter.

›Sehr geehrte liebe Angehörige, im Haus ist es weiter ruhig und unauffällig hinsichtlich Infektionen mit dem Coronavirus. Wir bekommen sogar Mund-Nasen-Schutz als Spenden und unsere Lager sind voll. Die Menschen nehmen großen Anteil am Geschehen im Pflegeheim. Das macht mir Mut und gemeinsam schaffen wir das. Ich habe Ihnen einige Fotos der Bewohnerschaft angefügt, wie sie nachmittags im Garten sitzen. Das schöne Wetter ist wenigstens ein kleiner Pluspunkt. Aktuell kann ich Ihnen nur mitteilen, dass bis auf Weiteres kein Frisör zu uns ins Haus kommt, da die Geschäftsführung aus Sicherheitsgründen das noch *aussetzt.*

Ich denke, das ist zum jetzigen Zeitpunkt die richtige Entscheidung. Wenn neue Bewohner einziehen, werden sie vorher im Krankenhaus auf Covid-19 getestet. Nur bei negativen Ergebnissen nehmen wir neue Bewohner auf.

Der Main-Kinzig-Kreis wird vor dem 4. Mai Empfehlungen aussprechen, ob es eine Lockerung des Besuchsverbotes in Pflegeeinrichtungen geben wird und wie dieses umgesetzt werden könnte. Auch hier wird die Geschäftsführung entscheiden, ob Besuche möglich sein werden.

Aus gegebenem Anlass muss ich nochmals an den Mindestabstand von 1,5 Metern (besser sind 2) und das Tragen einer Schutzmaske bzw. eines Mund-Nasenschutzes (Mund und Nase müssen bedeckt sein) erinnern. Das gilt für den Bauzaun wie auch Besuche am Fenster im Erdgeschoss. Bitte halten Sie sich unbedingt daran. Sie tun es für Ihre Angehörigen. Freundliche Grüße!

Ich bekomme sehr viel Dank und Lob für die Versendung. Hier eine E-Mail ›*an das gesamte Team (Pflegekräfte und Verwaltung) im Hause.*

Ich möchte mich auf diesem Wege einmal bei Ihnen und Ihrem gesamten Pflegeteam für Ihren besonderen Einsatz in dieser doch schweren Zeit bedanken.

110

Ich habe mich sehr über die Zusendung von Informationen in den vergangenen Tagen, über den Stand der Dinge in Ihrem (unserem) Pflegeheim gefreut. Die Idee mit den Fotos finde ich wirklich super. Auch das von Frau Kiener gestaltete ‹Blädsche› hat mir wirklich sehr gut gefallen. Dafür nochmals „VIELEN DANK".

Die Maßnahmen, die in Ihrem Hause getroffen wurden (Bauzaun - Besuchersperre etc.) finde ich absolut gerechtfertigt. Es muss Vorrang haben, dass alle beteiligten Pflegemitarbeiter und Bewohner so gut zu schützen, wie es möglich ist. Hier haben Sie meine vollste Unterstützung. Ich weiß unsere Senioren bei Ihnen und Ihrem Team in guten Händen. Ich wünsche Ihnen Allen weiterhin viel Kraft und »Bleiben Sie Gesund«! ›

Das geht doch runter wie Öl! Der Tag beginnt gut. Mittags kommt es zu einer Eskalation im Restaurant.

Die Servicemitarbeiterin stolpert über den ausgestreckten Fuß eines Bewohners beim Mittagstisch. Außerdem hat er Suppe verschüt- tet, weil er eigene Tischmanieren besitzt.

Er schmiert sich sein Brötchen auf dem Knie, und die Suppe löffelt er mit Meterabstand zum Teller. Entsprechend sieht die Umgebung aus.

Ein Geschrei lässt mich in den Speisesaal stürzen.

»Ich habe die Schnauze voll!«

111

Der Servierwagen wird mit Karacho gegen den Tresen geschubst, das Geschirr klirrt. »Ich gehe jetzt! Und morgen bin ich krank!«, kreischt sie. Es ist die Mitarbeiterin, die an dem Sonntag nach zwei Stunden Dienst plötzlich schwer krank den Dienst aufgab.

Ich glaube, ich spinne. Gibt es so was?

»Gehen Sie jetzt, gehen Sie sofort!« Ich werde auch laut.

»So lasse ich mit mir nicht reden! Sie schreien mich nicht an!«

»Doch. Ich darf das. Und wissen Sie auch warum? Weil an meiner Tür ‹Heimleitung› steht!«

Es ist das erste Mal in vier Jahren, dass ich eine Mitarbeiterin anschreie. Mir platzt innerlich so der Kragen, dass ich mich nur noch mühsam beherrsche. Sie geht und erhält wegen Ankündigung einer Krankmeldung die fristlose Kündigung. Die Bewohner sind eingeschüchtert und starren auf ihre Teller. Zum Glück entspannt sich die Situation wieder.

Interessanter Link auf Youtube.

https://www.youtube.com/watch?v=7UZswl1BHG0

Expertengespräch Covid-19. Prof. Püschel, Prof Bhakti, Dr. Petersohn, Dr. Völz. Die Experten sehen keinen Grund, warum an Covid-19 verstorbene Patienten *nicht* obduziert werden sollen.

Das Interview wurde mit Professor Püschel aus Hamburg geführt. Für ihn ist nicht nachvollziehbar, warum die Pandemie mit der Pest, Cholera und sonstigen großen schwerwiegenden Infektionen gleichgesetzt wird.

Trotz der Obduktionen sind keine Mitarbeiter im Labor in Hamburg erkrankt. Alle Verstorbenen waren über 50 Jahre alt, hatten gravierende Vorerkrankungen, die das Immunsystem schwächen, zum Beispiel immunsupprimierte Krebskranke mit Chemotherapie. Ferner ist für Professor Püschel nicht tolerierbar, wie stark die Grundrechte aktuell eingeschränkt werden. Inzwischen empfiehlt auch das Robert-Koch-Institut, an Covid-19 verstorbene Menschen zu obduzieren.

Er setzt es gleich mit der Influenza A, die jedes Jahr zu Todesfällen führt, die aber keinen Einfluss auf das öffentliche Leben haben mit den gegenwärtigen Beschränkungen mit Kontakten, Reisen und Schließung von Geschäften, Hotels und Restaurants.

Vor allem empfiehlt er nicht, alle an Covid-19 Erkrankten ins Krankenhaus einzuweisen. Die Gefahr der *nosokomialen* Infektionen (das sind Krankheiten, die im Zuge eines Aufenthalts oder einer Behandlung in einem Krankenhaus auftreten), ist sehr hoch.

Bedeutet im Ergebnis: Im Krankenhaus wird man häufig noch kränker.

Die mit Abstand häufigsten Krankenhausinfektionen sind Harnwegsinfekte, Venenkatheter- und Lungenentzündungen bei künstlicher Beatmung sowie Wundinfektionen nach Operationen. Etwa 3,5 % aller Patienten in Deutschland bekommen auf Allgemeinstationen eine Krankenhausinfektion, auf Intensivstationen ca. 15 %, ist deutlich höher als in der Häuslichkeit oder in der gewohnten Umgebung. (Quelle: Wikipedia).

Das deckt sich auch mit meinen Erfahrungen von aus dem Krankenhaus entlassenen Bewohnern, die zudem gravierende Gewichtsverluste von mehreren Kilogramm Körpergewicht erleiden.

Professor Sucharid Bhakti findet die Maßnahmen der grundrechtlichen Einschränkungen als nicht verhältnismäßig und sinnvoll. Die Schweden würden es den Deutschen doch sehr anschaulich vormachen. Die haben genau die gleichen Zahlen an Erkrankten und schränken die Grundrechte ihrer Bürger nicht ein. Vor allem die wirtschaftlichen Folgen sind mit unseren nicht vergleichbar.

Egal, wie viel Geld der Bund zur Verfügung stellt. Es werden sehr viele mittelständige Unternehmen pleitegehen!

Immerhin werden jetzt alle Patienten, die in ein Pflegeheim einziehen, auf Covid-19 getestet. Wir hatten heute einen Einzug und werden morgen den nächsten haben.

Das bedeutet, die neuen Bewohner müssen nicht zwei Wochen in Quarantäne! Die Lebensqualität nach wochenlangem Krankenhausaufenthalt wird nicht noch weiter reduziert. Es besteht Sicherheit bei den anderen Bewohnern und beim Personal. Diese Ansicht musste ich korrigieren. Es kommen alle in Quarantäne, ob getestet oder nicht. Sie können sich im Zeitraum von ein paar Tagen angesteckt haben und der Test ist dann noch negativ. Einzig die Patienten nach einer Covid-19-Lungenentzündung und negativer Testung müssen nicht in Quarantäne, das heißt, sie dürfen das Zimmer verlassen.

Die Pflege findet in Schutzkleidung, Visier, Handschuhe und Maske statt.

Heute gab es Masken für die Mitarbeiter für den privaten Gebrauch. Sie können sie bei mir im Büro abholen. Da Maskenpflicht in Hessen in öffentlichen Gebäuden und beim Einkaufen besteht, sollen sie mit professionellem Material ausgestattet werden und nicht mit selbstgestrickten Lappen durch die Gegend laufen. Die Freude ist groß.

Vielleicht reduzieren sich jetzt die Diebstähle. Der Handschuhverbrauch hat sich jedenfalls verdoppelt. Deshalb wird jetzt täglich durch die Pflegedienstleitung zugeteilt.

Dienstag, 28.04.2020. Die Zentrale schickt genähte Mundschutze aus Mikrofaser für die Mitarbeiter.

Und wieder kommt ein Paket. Die Zentrale hat Masken nähen lassen, jeder Mitarbeiter erhält vier Stück. Sie sind bei 90° waschbar, antiallergisch und von zeitlos schönem Weiß. Die Mitarbeiter freuen sich sehr darüber, auch über die mitgelieferten Schlüsselanhänger, die einen Schutzengel darstellen.

14.30 Uhr: Das hessische Sozialministerium hat die aktuellen Infizierten-Zahlen (Stand 28.04.2020, 14 Uhr) veröffentlicht.

Die Zahl der bestätigten Coronainfektionen stieg in Hessen auf 8.057. Das war im Vergleich zum Vortag ein Anstieg um 57 Fälle. Die Zahl der an den Folgen der Lungenkrankheit Covid-19 gestorbenen Menschen in Hessen stieg um 10 auf insgesamt 336.

15.47 Uhr. Telefonkonferenz der Minister mit der Kanzlerin.

Hessens Landesvater Volker Bouffier (CDU) und Gesundheitsminister Kai Klose (Grüne) haben am Dienstag (28.04.2020) Neuigkeiten zu Gottesdiensten und Besuchen in Alten- und Pflegeheimen in Hessen während der Corona - Pandemie bekannt gegeben. Auch zur Telefonkonferenz mit Bundeskanzlerin Angela Merkel äußerte sich Bouffier.

Demnach sind ab dem kommenden Montag (04.05.2020) wieder Besuche in Alten- und Pflegeheimen möglich. Diese dürfen maximal *eine Stunde* pro Woche dauern und nur *eine* Person aus dem persönlichen Umfeld darf zu Besuch kommen.

Der Schutz soll in jeder Einrichtung individuell mit einem ›würdevollen Leben‹ in Einklang gebracht werden, sagte Bouffier.

Bla-Bla-Blatze-Bla. Wo bleibt die Würde, die Besucher in Vollmontur mit Visier, Schutzkittel und Mundschutz auszustatten, damit sie dann zwei Meter entfernt von ihren Lieben Platz nehmen dürfen? Verwirrte Menschen kamen völlig ins Rudern, die Schutzkleidung war für die Mitarbeiter bestimmt, nicht für die Besucher. Alles, was wir bisher zusammengehamstert hatten, verschleuderten wir jetzt wieder?

117

Terminplanung für die Besuche: War der Angehörige diese Woche schon im Haus? Hat er sich ins Gästebuch eingetragen?

Eine logistische Herausforderung zum Tagesgeschäft, das auch bedient werden muss. Ferner muss eine Pflegekraft greifbar sein, wenn es dem Bewohner plötzlich schlecht gehen sollte. Die Wohnbereiche und Zimmer sind weiterhin tabu für Besucher.

Die Radiosendung des HR, veröffentlicht am 28.04.20 um 16:37 Uhr, mit Interview des bpa, Bundesverband privater Anbieter sozialer Dienste e.V. Der Verband hält die Frist zu kurz, bis zum 04.05.2020 ein individuelles Konzept der Besucherregelung zu erstellen, welches zugleich mit den Heimaufsichten abgestimmt werden muss. Zumal noch ein Feiertag, der 1. Mai dazwischen liegt.

Mittwoch, 29.04.2020. Stellungnahme unseres Verbandes zum Geschwafel des Landesvaters.

Das Telefon steht nicht still. Angehörige kündigen ihren Besuch für den kommenden Montag an. Sie dürften ja jetzt wiederkommen.

Allen voran unsere unbelehrbaren und die notorischen Besserwisser. Es sind zum Glück nur einige Wenige. Eine will sich bei der Heimaufsicht beschweren.

Im Frühmeeting teile ich allen Mitarbeitern mit, dass das Besuchsverbot auch ab dem 04.05.2020 gilt. Es gilt weiterhin das Betretungsverbot des Wohnbereichs und der Zimmer. Ich schicke eine Rundmail mit den aktuell geltenden Regeln an alle Angehörigen nach der Telefonkonferenz mit der Geschäftsführung um 12:30 Uhr.

Erst lassen wir die Menschen vor der Tür stehen, und nun kommet doch zu Hauf in die gute Stube! Das kann doch nicht deren Ernst sein. Ich appelliere dringend an den gesunden Menschenverstand, um unser bisher Erreichtes nicht zu gefährden.

Hier die aktuellen Änderungen der Corona-Verordnungen des Landes Hessen, Stand 16:30 Uhr:

Die sechs Verordnungen zur Bekämpfung des Corona-Virus des Landes Hessen wurden zuletzt mit der achten Verordnung zur Anpassung der Verordnungen zur Bekämpfung des Corona-Virus vom 27. April 2020 geändert bzw. in ihrer Geltung verlängert. Die wichtigsten Änderungen sind:

• *Das bekannte Betretungsverbot in teilstationären Pflegeeinrichtungen mit Notbetreuung wird bis zum 10.05.2020 verlängert.*

• *Das generelle Besuchsverbot in vollstationären Einrichtungen wird ab dem 4. Mai 2020 unter gewissen Voraussetzungen gelockert.*

Die Einrichtungen müssen über ein einrichtungsbezogenes Konzept zum Schutz vor der Übertragung von Infektionen durch Besucherinnen und Besucher nach Maßgabe der aktuellen Empfehlungen des Robert Koch-Instituts und der Handlungsempfehlungen des Hessischen Ministeriums für Soziales und Integration sowie der einrichtungsbezogenen Hygienepläne verfügen.

Im Fall des Satz 1 ist abweichend von Abs. 1 einem Angehörigen oder einer sonst nahestehenden Person einmal pro Woche für eine Stunde der Besuch einer in der Einrichtung befindlichen Person gestattet.

Die Einrichtungen müssen den Namen, Vornamen und die Besuchszeit jeder Besucherin und jedes Besuchers dokumentieren. Besuche gemäß dieser Lockerung sind bis zu einer abweichenden Entscheidung des Gesundheitsamtes nicht mehr gestattet, wenn in der Einrichtung ein nach dem Infektionsschutzgesetz meldepflichtiges Infektionsgeschehen oder eine bestätigte Infektion mit SARS-CoV-2 vorliegt.

Besucherinnen und Besucher (nahe Angehörige/ Bezugspersonen) müssen zu jeder Zeit:

1. mindestens 1,50 m Abstand zur besuchten Person einhalten,

2. einen Mund-Nasen-Schutz tragen und

3. den von der Einrichtungsleitung angeordneten Hygieneregeln nachkommen.

Die Einhaltung dieser obenstehenden Hygieneregeln gilt nicht, soweit es die Eigenart eines Besuches z.B. durch Seelsorgerinnen und Seelsorger, Ärztinnen und Ärzte oder sonstigen Personengruppen erfordert, denen aus beruflichen oder therapeutischen Gründen Zugang zu gewähren ist usw. usw.

Die Logistik der Besuchsorganisation bedarf zwei zusätzlicher Mitarbeiter, die die Besuche terminieren. Nur ein Besuch von einer Stunde pro Woche gestattet, Besucher in Empfang nehmen, sie mit Material ausstatten, was für die Mitarbeiter gedacht ist, zusätzlich ein Gesichtsvisier aufziehen lassen, ins Gästebuch eintragen lassen, deren Körpertemperatur messen, nach Symptomen befragen, auf kürzestem Wege in den Besucherraum führen, auf den Zweimeterabstand am Tisch achten, nach dem Besuch eine Flächendesinfektion durchführen.

Klingt ein bisschen nach Knastregularien.

121

Ich bin gespannt, wann wieder von ›Insassen‹ statt von ›Bewohnern‹ die Rede ist.

Unser Verband kritisiert die Vorgaben auf das Schärfste und bittet um Aufschub. Ein Konzept zur Besuchsregelung bis zum 04.05.2020 vorzulegen, ist zeitlich nicht zu schaffen.

Dieses Konzept muss der Heimaufsicht und dem Gesundheitsamt vorgelegt und genehmigt werden! Und am Freitag ist Feiertag, da passiert gar nichts in Deutschland.

Donnerstag, 30.04.2020.
Der Verband schreibt einen offenen Brief an Ministerpräsident Bouffier.

›Sehr geehrte Mitglieder,
unser Eindruck ist, dass Herr Bouffier nicht ausreichend informiert war, über die tatsächliche Lage in den Einrichtungen und die zusätzlichen Gefährdungen für Bewohner sowie Pflege- und Betreuungskräfte bei einer Öffnung quasi über Nacht. Wir setzen nun darauf, dass auch der mediale Druck dazu führen wird, dass Sie mehr Zeit dafür bekommen, die nötigen Voraussetzungen in Ihrer Einrichtung zu schaffen.

Gleichzeitig soll der offene Brief Ihnen bei Bedarf dabei helfen, bei Ihren Angehörigen für etwas Verständnis zu werben. Die Angehörigen sollen wissen, dass Ihre Sorgen auch die Sorgen vieler anderer Heime unabhängig von der Trägerschaft sind, die ihre Bewohner aber auch Mitarbeiter bestmöglich schützen wollen.‹

Die Liga der Freien Wohlfahrtspflege in Hessen e. V. schloss sich dem bpa an.

Sehr suspekt: Der Odenwaldkreis hat bereits eine Allgemeinverfügung angekündigt, die im Kern die Verordnung des Landes aus Gründen des Gesundheitsschutzes für nichtig, da unverantwortlich, erklärt. Das bringt die Pflegeeinrichtungen in unzumutbare Situationen! Wie sollen wir uns gegenüber Angehörigen bei diesem widersprüchlichen Behördenvorgehen verhalten?

Der Odenwalder Landkreis ist neben einigen anderen in besonderem Maße betroffen. Einfach nicht auszudenken, wenn dies flächendeckend passiert. Ist das zu fassen? Der Landrat Frank Matiaske (SPD) kündigt am 29.04.2020 um 18:24 Uhr angesichts der Situation in der Region, in der die große Mehrzahl der 48 Corona-Toten in solchen Einrichtungen lebte, eine Sonderregelung an.

›Im Odenwaldkreis bleiben Besuche in Pflegeheimen untersagt.‹

https://www.echo-online.de/lokales/odenwaldkreis/erbach/im-odenwaldkreis-bleiben-besuche-in-pflegeheimen-untersagt_21612061

Ab Montag können in Hessen unter anderem Friseure, Museen und Tierparks unter Einhaltung von Abstands- und Hygieneregeln öffnen. Auch Spielplätze dürfen wieder genutzt werden. Informationen kann sich jeder Bürger unter: **https://corona.hessen.de** holen.

https://www.hessen.de/presse/pressemitteilung/ landesregierung-beschliesst-oeffnung-von-friseuren-spielplaetzen-und-kultureinrichtungen holen.

Nachmittags tobt im E-Mailverkehr mit den Heimleitungen und den Geschäftsführern der mobilen Einsatztruppe im Konzern. Um 12:35 Uhr werden alle Briefvorlagen wieder zurückgenommen, weil der Vorsitzende im Vorstand einen eigenen Entwurf senden will, und zwar mit der Ankündigung, dass bis zum 31. Mai in den Einrichtungen konzernweit keine Besuche stattfinden dürfen. Na, da lehnt er sich weit aus dem Fenster und singt nach meiner Einschätzung zu hoch. Ich rufe die Heimaufsicht an. Tatsächlich ist noch jemand um 15:00 Uhr zu sprechen.

Meine Frage, ob wir Besucher ins Haus lassen müssen, wird ausweichend und windelweich beantwortet. Grundsätzlich hat jeder Angehörige das Recht, den Bewohner zu besuchen.

Es gibt jedoch Möglichkeiten der Kompensation. Zum Beispiel die Besuche außerhalb zuzulassen, wenn die baulichen Gegebenheiten das zulassen. Und das aber nur, solange kein Angehöriger sich beschwert. Dann müssten wir eine Alternative anbieten.

Na also. Bis um 16:30 Uhr kommt keine Textvorlage und ich mache Feierabend. Dass ich eigenmächtig den Angehörigen schon eine E-Mail mit dem dringenden Appell zukommen ließ, es bei den bisherigen Gepflogenheiten vor dem Bauzaun und dem Fenster zu belassen, habe ich keinem verraten. Den Laptop nehme ich vorsichtshalber mit. Morgen ist der Tag der Arbeit. Dieses Mal wortwörtlich.

Freitag, Tag der Arbeit ohne Gewerkschaften, 1. Mai 2020. Homeoffice.

Tatsächlich. Ich hätte es nicht für möglich gehalten, aber um 16:35 Uhr kam gestern noch via E-Mail ein Arbeitspaket an. Auszufüllende Formulare für die Messung und Aufzeichnung gewisser Symptome bei Bewohnern wie auch bei Mitarbeitern. Jetzt gilt es, nicht nur die Körpertemperatur zu messen, sondern nach Befindlichkeiten zu fragen. Diejenigen, die nicht antworten können, weil sie wegen Demenz die Frage nicht verstehen, werden durch die Pflegefachkraft sehr intensiv beobachtet auf Husten, Keuchen, verstopfte Nase, Abgeschlagenheit, Müdigkeit, vor allem auf erhöhte Körpertemperatur.

Dann die Vorlage des Briefes für die Angehörigen, der auch per E-Mail verschickt werden kann. Keine Spur mehr von Besuchsverbot. Also ist der Vorsitzende kräftig zurückgerudert.

In der Geschäftsführung sitzen ja auch Juristen. Die werden ihm das erklärt haben. Eine Kollegin von mir schreibt verärgert, dass das eine tolle Idee vor einem Feiertag sei, zumal keine Fieberthermometer lieferbar sind. Natürlich hat sie recht, aber es ändert nichts.

Ich formuliere den Informationsbrief um. Aber meine Chefin schüttelt via E-Mail den virtuellen Kopf. Der

Inhalt des Briefes an die Angehörigen ist vom Vorstand so formuliert worden und darf nicht abgeändert werden.

Meine Vize hat heute Empfangsdienst. Sie schreibt mir, dass der Abstand trotz Flatterband nicht eingehalten und kein Mundschutz bei den Besuchern getragen wird. *Seufz.*

Ich werde noch zur Dompteurin. Ist das jetzt wirklich so schwer zu begreifen? Für unsere Hauszeitung schreibe ich folgenden Artikel:

›**Sehr geehrte Bewohnerinnen und Bewohner!**

Wann wird es wieder wie früher sein? Wann sehe ich meine Angehörigen wieder und darf meine Enkelkinder in den Arm nehmen?

Diese Fragen treiben uns alle um. Gespannt haben wir auf die Entscheidung der Hessischen Landesregierung gewartet, in welcher Form Lockerungen im Besuchsrecht ab dem 04.05.2020 empfohlen werden. Die Frist der Umsetzung ist allerdings zu kurz. Ab Montag, den 04.05.2020, sollen Besuchsmöglichkeiten von einer Stunde pro Woche für *einen* engen Angehörigen gelten. Die Betonung liegt auf einen Angehörigen!

Dazu wäre es erforderlich, einen Raum zur Verfügung zu stellen, denn die Wohnbereiche und Zimmer dürfen nach wie vor nicht betreten werden. Die Besucher müssen mit Schutzmaterialien wie Maske, Kittel und Visier ausgestattet werden. Wir sind verpflichtet, der Heimaufsicht und dem Gesundheitsamt ein Konzept der Umsetzung vorlegen. Ferner müssen die Besuche begleitet, terminiert und organisiert sein. Ein sehr hoher personeller und Materialaufwand wären die Folgen. Deshalb möchten wir, dass die jetzigen Besuchsregelungen im Garten am Bauzaun oder im Feldberg Erdgeschoss am Fenster beibehalten werden. Wir werden Ihnen im Garten zwei Strandkörbe aufstellen, die Ihnen mehr Komfort bei den Zaungesprächen bieten sollen.

Doch bedenken Sie, dass die Maßnahmen zu Ihrem Schutz unbedingt erforderlich sind. Seit Montag, 27.04.20 gilt die Maskenpflicht in der Öffentlichkeit. Wenn Sie Kontakt zu ihren Angehörigen am Bauzaun oder am Fenster aufnehmen, achten Sie bitte auf den Mindestabstand von 1,5 Metern und dass Ihre Lieben einen Mund-Nasenschutz aufsetzen. Zu ihrem Schutz tragen die Pflegekräfte nun die Mund-Nasen-Schutz-Masken und messen vorsichtshalber zweimal täglich Ihre und die eigene Körpertemperatur.

Ziel ist, so schnell wie möglich Verdachtsfälle einer Erkrankung an Covid-19 *(Abkürzung für: Corona Virus Disease 2019)* zu erfassen. **Nochmals**

die herzliche Bitte: Öffnen Sie nicht die Eingangstüre, wenn Sie dort jemanden stehen sehen! So kommen unkontrolliert Menschen ins Haus. Bleiben Sie im Haus oder im Garten und gehen <u>nicht</u> in die Stadt. Inzwischen herrscht Maskenpflicht in den Läden. Die Betreuung organisiert die Einkäufe für Sie. Die Gefahr ist noch nicht vorüber!

Der Empfang wird weiterhin bis Ende Mai an den Wochenenden und Feiertagen von 09:30 – 17:00 Uhr besetzt sein. **Aber es gibt auch gute Nachrichten:** Unser Materiallager für die Schutzausrüstung der Mitarbeiter ist inzwischen gut gefüllt. Die Speiseplanbesprechungen müssen leider noch ausfallen, Anfang Juni wird es hoffentlich wieder normal weitergehen. Auch unser für den 16.08.2020 geplantes Sommerfest kann nicht stattfinden, weil größere Veranstaltungen bis zum 31.08.2020 verboten sind. Wir planen deshalb im September ein Oktoberfest und sind dieses Mal den Bayern im Vorteil. Denn die lassen ihre Feste ausfallen und haben jetzt zu viel Biervorrat.

In diesem Sinne – bleiben Sie bitte gesund!‹

Ein eindringlicher Artikel erscheint im Spiegel Nr. 19 vom 02.05.2020, Seite 46 ff.

»Du musst kämpfen, Mami!«

Er schildert den Ausbruch im Pflegeheim Augustinus

Stift in Wuppertal, die Erkrankung der Mutter und letztlich deren Tod an Covid-19. Eine Mitarbeiterin hatte sich infiziert und das Virus verbreitet. Die Tochter bittet darum, alle Bewohner und das Personal testen zu lassen, was der Heimleiter mit Hinweis auf die Anordnung des Gesundheitsamtes ablehnen muss. Ein Isolieren der Heimbewohner in den Zimmern fand nicht statt, sie aßen weiterhin gemeinsam im Speisesaal. Anfragen der Tochter beim Gesundheitsministerium und der Staatskanzlei.

Als Antwort erhält sie, dass das RKI keine regelhaften Tests vorsehe, nur wenn Symptome vorliegen. Die Laborkapazitäten würden sonst unnötig belastet. Erst drei Wochen später werden alle getestet, inzwischen ist auch der Heimleiter und seine Vertretung positiv getestet worden und beide sind nicht mehr vor Ort.

Beim Lesen des Artikels wird mir richtig übel und mein Herz schlägt schneller. Genauso hätte es bei uns auch geschehen können. Die gleiche Antwort hinsichtlich der Testkapazitäten bekam ich auch vom Gesundheitsamt.

Die Mitarbeiterin war zum Glück seit zwei Wochen nicht mehr im Haus gewesen und erst während ihrer Krankschreibung positiv getestet worden. Ich kopiere den Artikel für unsere Führungskräfte. Das darf uns nicht passieren!

Montag, 04.05.2020.
Angehörige, die unbedingt ins Haus wollen.

Boris Palmer, Oberbürgermeister von Tübingen (Bündnis 90/Die Grünen) provoziert in der Corona Virus Krise: »Wir retten möglicherweise Menschen, die in einem halben Jahr sowieso tot wären, aufgrund ihres Alters und ihrer Vorerkrankungen«.
Eine brutal offene und zugleich zynische Wortwahl im SAT 1 Frühstücksfernsehen, für die er sich im Nachgang entschuldigte. Aber brutal bleibt brutal. Da nützt auch keine Entschuldigung. Aus den eigenen Reihen erfährt er viel Kritik. Ich selbst bin mal wieder fassungslos, wie schon so oft. Mit dieser Karriere als Politiker ist es wohl vorbei. Oder auch nicht. Den Palmer ficht ja nichts an.
Der Fairness halber muss ich eingestehen, dass dieser Ausspruch aus dem Kontext herausgerissen wurde.
Palmer meinte wohl, dass die Jüngeren wieder zu einem normalen Leben zurückkehren dürfen und nur

die Schwächeren geschützt werden, zum Beispiel im Pflegeheim.

Aber die Wirtschaft aufgrund des umfassenden Schutzes durch Beschränkungen am Boden liege.

Wenn es ich aber richtig verstanden habe, und davon gehe ich aus, ging es darum, durch einen langsamen Anstieg der Infektionen und genügend Kapazitäten an Krankenhausbetten einen Kollaps im Gesundheitswesen zu verhindern.

Aber verstanden wurde kurzgefasst: Die Alten sterben doch sowieso, was soll das alles? Wir behalten unser Konzept der Besuchsregelung bei. Keine Bewegung im Haus, sondern Treffen im Garten und am Bauzaun, jetzt komfortabel mit Strandkörben und am Fenster im Demenzbereich. Zwei von 90 Angehörigen haben es nicht verstanden.

Sie wollen beide Möglichkeiten ausprobieren, mal am Fenster, mal in einem Besucherraum. Ich erkläre es noch mal. Es gibt keine Sonderregelungen. Entweder einmal pro Woche eine Stunde, total verhüllt in Schutzkleidung mit Kittel, Visier, Mundschutz oder nur mit Mundschutz in der Natur mit frischer Luft, dafür flexibel in der zeitlichen Planung.

Dienstag, 05.05.2020.
Symptomlisten als Warnsystem.

Da gibt es jetzt doch von den Heimaufsichten und RKI Excel Vorlagen mit Symptombeschreibungen, angefangen bei der Körpertemperatur, hin zu Husten, Schnupfen, geröteten Augen, Durchfall, Erbrechen, Müdigkeit, Benommenheit, Gewichtsverlust, die allesamt auf Covid-19 hinweisen könnten. Bei aktuell 110 Bewohnern im Haus, da ist immer was dabei. Dann müssen wir den Hausarzt und das Gesundheitsamt informieren. Abgesehen vom Zeitaufwand dieser doppelten Dokumentationen und damit den Abweichungen von Beikirchs Strukturmodell (Entbürokratisierung der Pflege), das die Last der Dokumentationen von den Fachkräften nehmen sollte, legen jetzt ordentlich zu. Es sind nur Empfehlungen. Klar. Ich möchte Ihnen dazu mal ein Beispiel geben, was es übersetzt heißt. Wenn Sie die Schilder mit Geschwindigkeitsbeschränkungen ledig-lich als Empfehlung betrachten und diese mit Ihrem Fahrtempo gänzlich ignorieren, aber nicht erwischt werden – alles gut.

Wenn Sie geblitzt oder angehalten werden, dann heißt es wahrscheinlich kräftig zücken, bis hin zum Entzug der Fahrerlaubnis. Transferiert in den Berufsalltag einer verantwortlichen Führungskraft bedeutet es, dass die Staatsanwaltschaft unter Umständen gegen die Leitung ermitteln wird, ob ein Verstoß gegen das Infektionsschutzgesetz vorliegt. Und sei es, Sie hatten im Gespräch mit den Bewohnern keinen Mundschutz auf. Es muss ein Bauernopfer her. Dann werden Sie von der Geschäftsführung freigestellt, denn Sie sind eine Gefahr für die Bewohnerschaft und inkompetent in der Umsetzung der empfohlenen Hygieneregeln der ach so vorsichtigen Behörden.

Glauben Sie ernsthaft, wenn Sie einer Behörde – Heimaufsicht wie Gesundheitsamt – eine Frage stellen, eine klare Antwort zu bekommen? Oder ein Eingeständnis eines Versäumnisses oder eines Fehlers? Niemals.

Also heute reicht es mir mal wieder voll und ganz. Die sind doch bescheuert. Eine Bewohnerin im Demenzbereich liegt im Sterben. Wir rufen den Ehemann an und er kommt sofort. Er darf bei ihr bleiben, bis sie den letzten Atemzug macht, und das dauert fast drei Stunden. Aber sie schläft ruhig ein.

Er bedankt sich bei mir, dass er länger als eine Stunde bei ihr sein durfte, wenn auch in voller Schutzkleidung. Ich schäme mich. Dafür sollte sich niemand bedanken müssen.

134

Er wirkt sehr gefasst und irgendwie erleichtert. Sie hat es nach Jahren der schweren Demenz mit körperlichem und geistigem Abbau endlich geschafft und nicht wegen oder an Covid-19. Verstehen Sie, dass ich mich nicht wegen meines Amtes schämen möchte? Um 17:00 Uhr kommt meine Vorgesetzte und bringt Maskenmaterial vorbei. Bedeutet, vor 18:00 Uhr kann ich keinen Feierabend machen. Die Rechtsabteilung des Trägers soll sich jetzt um die Behördenauflagen Gedanken machen. Es reicht allen. Das wird ja immer schlimmer.

Wenn jemand trotz zwei negativer Abstriche aus dem Krankenhaus entlassen wird, muss er für zwei Wochen in Quarantäne. Er könnte sich ja vor 10 Tagen angesteckt haben und durchaus trotz negativer Testung infiziert sein. Bedeutet, er darf das Zimmer nicht verlassen und muss in voller Schutzkleidung gepflegt werden! Am Donnerstag wird eine Bewohnerin aus der Reha entlassen, und hier treffen wir schon die Vorkehrungen. Alle Schutzmaterialien werden ins Zimmer gebracht, das übernimmt meine Vize persönlich.

Wenn ein Bewohner an Covid-19 genesen und zwei Abstriche negativ bewiesen hat, bedarf es keiner Quarantäne. Ein Bewohner, der einziehen sollte, war zweimal negativ getestet nach einer überstandenen

Covid-19-Pneumonie, drei Tage später war er wieder positiv und kann nicht entlassen werden. Jetzt zweifele ich langsam an die Glaubhaftigkeit der Abstriche. Seufzend schicke ich eine Informationsmail an alle Mitarbeiter.

Für jeden Neueinzug gibt es zukünftig eine individuelle Anweisung über die zu treffenden Hygienemaßnahmen von mir.

Mittwoch, 06.05.2020.
Gesandte des Kreises zur Kontrolle der Besuchsregelungen im Haus.

Heute gibt es erneut eine Fortbildung oder richtiger, eine Kontrolle durch zwei Kolleginnen, die im Auftrag des Kreises unterwegs sind. Im Herbst wird mit einer erneuten Welle des Coronavirus gerechnet, dann müssten wir unsere Besuchsregeln erneut anpassen. Komisch, die Politik schweigt sich über eine neue Welle aus.

Die Idee, dass mit jedweden Symptomen die Hausärzte oder das Gesundheitsamt involviert werden sollen, finden sie absurd. Heute Nachmittag wird eine Konferenz mit dem leitenden Direktor im Kreis tagen.

Im Anschluss soll eine Information an die Pflegeeinrichtungen verschickt werden.

»Wer weiß, was dann beschlossen wird. Vielleicht wird vom Konzept der Landesregierung noch abgewichen.«, sagt die Fachkraft des Kreises.

Zumindest gestehen sie uns zu, dass Bewohner in Quarantäne nur während der Körperpflege oder bei Kontakt mit Ausscheidungen von den Pflegekräften mit kompletter Schutzausrüstung versorgt werden müssen.

Donnerstag, 07.05.2020.
Rheinland-Pfalz hat neue Ideen zur Lockerung.

Es kam keine E-Mail vom Kreis. Unser Landesvater postet neue Informationen vom 07.05.2020 auf der Website:

www.hessen.de/presse/pressemitteilung/unser-p lan-fuer-hessen

‹Grundsätzlich gilt, dass die Öffnungen in der nachfolgend dargestellten Form nur denkbar sind, wenn die geforderten Hygienekonzepte und Abstandsregeln eingehalten werden und so die Anzahl der Neuinfizierten pro 100.000 Einwohner die Zahl von 50 Infizierten in einer Woche in einem Landkreis /einer kreisfreien Stadt nicht übersteigt. In einem ungünstigeren Verlauf sind erneute Einschränkungen unumgänglich.‹

Das ist ja mal was für Statistiker. Möglicherweise kann ich ab dem 15.05.2020 auch mein Training im Fitnessstudio wiederaufnehmen. Mein Kollege ruft mich an und berichtet von der Planung von Rheinland-Pfalz, für Pflegeheimbewohner

Spaziergänge mit Angehörigen wieder zu erlauben inklusive der Begleitung zum Frisör und zum Einkaufen und was nicht alles.

»Mensch, da können wir doch glatt wieder öffnen und die Strandkörbe abschaffen! Kommet alle, die ihr so Sehnsucht habt. Was für ein Scheiß!«

Ich kann mich fast nicht beruhigen.

»Wir wissen noch nicht, ob Hessen nachzieht. Gehen aber davon aus.«

»Die Geschäftsführung muss den Frisör im Haus wieder erlauben! Sonst gehen alle in die Stadt. Sofern sie einen Termin bekommen.«

»Wir hoffen, dass die Genehmigung erteilt wird, aber im Moment konferieren die noch.«

Na, das kann ja dauern. Und ich finde es auf der Website für Informationen der Landesregierung Rheinland-Pfalz:

›Ab dem 7. Mai dürfen Bewohnerinnen und Bewohner von Einrichtungen der Pflege und der Eingliederungshilfe durch einen Angehörigen oder eine nahestehende Person maximal eine Stunde täglich besucht werden.

Dabei gelten die folgenden Auflagen: Besucherinnen und Besucher haben ihren Besuch vorher in der Einrichtung anzumelden und müssen sich in ein Register eintragen, in dem der Besuch sowie die

139

Kontaktdaten dokumentiert werden. Während des Besuches sind Schutzregeln zu beachten, insbesondere das Tragen einer Mund-Nasen-Bedeckung, *eine Desinfektion der Hände sowie das Einhalten eines Mindestabstandes von eineinhalb Metern.*

Zudem dürfen Bewohnerinnen und Bewohner, sofern sie nicht mit dem Coronavirus infiziert sind, die Einrichtung jederzeit alleine, in Begleitung eines Angehörigen oder eines anderen Bewohners verlassen.‹

Ich habe vorsorglich Stellen für Pflegehilfskräfte und für die Betreuung ausgeschrieben. Um das alles einzuhalten, so es denn nach Hessen kommt, braucht man zusätzliches Personal, welches von der Pflegeversicherung finanziert werden wird.

Na - wer es denn glaubt. Im Oktober erinnert sich bestimmt niemand mehr daran.

Ebenso wenig, wie und ob die Prämie von 1500 Euro an die Pflegekräfte als Dankeschön ausgezahlt werden wird.

Die Heimaufsicht ruft mich an.

»Sie hatten eine Frage gestellt? Wegen des Besuchskonzeptes und ob Sie eine Negativliste führen dürfen. Vielleicht wissen Sie es ja schon von Ihrem Kollegen. Wir sind nicht zuständig. Das regelt alles das Gesundheitsamt.«

»Und warum wollten Sie das Besuchskonzept dann überhaupt vorgelegt bekommen?«

»Wir müssen informiert sein, was Ihre Einrichtung bei der Besucherregelung geplant hat.«

»Also wende ich mich an das Gesundheitsamt mit der Frage, ob wirklich jeden Tag jeder Bewohner mit allen Fragen nach Symptomen aufgeführt werden muss?«

»Ja. Das bestimmen die Experten.«

Ach so. Die Experten. Da bin ich beruhigt. Die Zuständigkeiten werden wieder mal zwischen den Behörden hin und her verteilt. Aber wenn es brennt, dann sprechen alle mit, auch die, die keine Erfahrung haben. Bloß nicht als Behörde schlecht dastehen.

Freitag, 08.05.2020.
In Berlin ist heute Feiertag, der Tag der Befreiung.

Befreiung von den Auflagen oder sogar von diesem Virus sind nicht in Sicht. Die uns betreuende Zahnarztpraxis bietet an, alle Bewohner und die Mitarbeiter auf Covid-19 zu testen.

»Wir dürfen die Tests mit den Krankenkassen abrechnen, weil der Chef Kieferchirurg ist«, sagt mir der Mitarbeiter der Praxis.

»Haben Sie denn genügend Tests? Immerhin sind es 111 Bewohner und aktuell 65 Mitarbeiter!«, frage ich.

»Im Moment haben wir nur 30 Tests.«

Aha.

»Aber wir bekommen am Montag noch 100 geliefert. Wir könnten also am Mittwoch anfangen.«

Das Angebot klingt verlockend, ich nehme es an.

Samstag, 09.05.2020. Sonntagsverkauf, wer möchte.

Die Corona-Verordnung der Landesregierung Hessen sieht unter anderem vor, dass Geschäftsinhaber ihre Läden sonntags zwischen 13 und 18 Uhr öffnen können. Ob diese Möglichkeit wahrgenommen wird oder nicht, obliegt der individuellen Entscheidung der Inhaber. Diese Regelung soll vorerst bis zum 5. Juni gelten. Eine Ausnahme bildet der Pfingstsonntag (31.05.2020), da es sich um einen gesetzlichen Feiertag handelt. Öffentliche Veranstaltungen mit bis zu 100 Personen in Hessen sind in der Corona-Krise wieder erlaubt.

Unklar war bisher jedoch, ob diese Lockerung auch für private Feiern Gültigkeit hat. Nun hat der hessische Innenminister bei dieser Frage Licht ins Dunkle gebracht.

»Grundsätzlich gilt, dass auch private Veranstaltungen außerhalb des öffentlichen Raums jetzt wieder möglich sind«, sagte Peter Beuth (CDU) dem Hessischen Rundfunk. Bei den Feiern müsse darauf geachtet werden, dass die Abstandsregeln weiterhin eingehalten werden.

›Wenn die Leute stehen, müssen mindestens zehn Quadratmeter eingehalten werden. Wenn alle sitzen, dann sind es fünf Quadratmeter‹, so der CDU-Politiker. (Quelle: Frankfurter Neue Presse vom 10.05.2020)

Am besten, immer einen Zollstock mitführen.

Also Lockerungen, die wir uns als Privatpersonen so wünschen. Aber nicht in Krankenhäusern und Pflegeheimen.

Ich werde ein Einverständnisformular entwickeln, damit die nicht zustimmungsfähigen Bewohner von ihren Bevollmächtigten die Erlaubnis erhalten, auf Covid-19 getestet zu werden.

Montag, 11.05.2020. Testung für alle soll anlaufen.

Der Zahnarzt hat nun genügend Testmaterial zusammen und der Chef selbst will am Mittwoch alle Bewohner und alle Mitarbeiter abstreichen. Mit meinen wöchentlichen News für die Angehörigen schicke ich ein Formular für die Einverständniserklärung der Bevollmächtigten oder Betreuer. Wir bekommen Lob von allen Seiten, für unsere Mühe, für die Informationen, für die Umsicht, mit der wir die Bewohner schützen.

Eine Angehörige, die nie lockerlässt, will morgen zum Geburtstag ihrer dementen Mutter, die den ganzen Tag umtriebig im Wohnbereich unterwegs ist, ins Haus kommen und ihr die Blumen persönlich überreichen. *Seufz.*

Manche verstehen es einfach nicht. Ich höre wieder die Argumente, die für einen persönlichen Kontakt sprechen.

»Es kommt leider nicht auf den Einzelnen an, sondern es geht um die Gemeinschaft der besonders risikogefährdeten Menschen. Ausnahmen ziehen die nächste Ausnahme nach sich. Auch an Geburtstagen ist das so. Nehmen Sie bitte die Möglichkeit des Fensters!« Ich bleibe ruhig.

»Frau Jurtendach, ich verstehe Sie ja! Aber Sie müssen mich auch verstehen. Es ist nicht gut für die Dementen, wenn sie ihre Angehörigen nicht sehen.«

»Es ist gut, dass wir uns verstehen. Das ändert jetzt aber nichts. Das Besucherzimmer planen wir für den Herbst, wenn die nächste Welle rollt. Dann funktioniert es im Garten nicht mehr, das Wetter wird zu schlecht sein. Aber abgesehen davon – Ihre Mutter wird nicht ruhig auf einem Stuhl sitzen bleiben und der Mindestabstand wird nicht gewahrt. Dann können wir es auch gleich lassen.«

Stöhn.

»Und wenn ich mich jetzt alle vier Tage testen lasse und bleibe negativ, darf ich dann kommen?«

Also echt jetzt. Wer soll denn sowas veranlassen?

Damit die Mutti besucht werden kann, ein negatives Testergebnis als Passierschein für den Eintritt ins Haus?

»Das wird nicht klappen. Wir sind ja froh, wenn überhaupt getestet wird, aber die, die es betrifft. Das sind aber die Bewohner, nicht die Angehörigen.«

»Dann muss ich mir was überlegen. Meine Mutter kann nicht auf Dauer ohne Besuch sein. Das Fenster ist eine gute Möglichkeit von Ihnen, aber es ist zu wenig. Dann muss ich sie aus dem Heim holen.«

Sie legt auf.

Dann kommt der Hammer. Die Testung aller Bewohner muss erst mit der Geschäftsführung besprochen werden. Mein Kollege ruft mich an, unsere Vorgesetzte *is not amused*. Morgen ist die Telko mit den Vorständen, dann gibt es eine Erlaubnis oder auch nicht.

Also ich lasse mich auf Krankenkassenkosten auf jeden Fall testen.

Das kann mir kein Arbeitgeber verbieten. Sind wir zu naiv gewesen? Befürchten wir grausamen Erkenntnisse, die wir nicht wissen wollen? Ist das etwa verantwortungsvoll?

Dienstag, 12.05.2020. Keine Testung der Mitarbeiter und Bewohner.

Gegen 17:00 Uhr bekomme ich die Information, dass die Geschäftsführung eine Massentestung ablehnt. Der Grund ist, dass womöglich schlafende Hunde geweckt werden und das Gesundheitsamt unsere Einrichtung dichtmacht. Es könnte ja symptomlose Schläfer geben, aber positive Tests müssen dem Gesundheitsamt gemeldet werden.

Natürlich kann man den Sinn einer breiten Testung in Frage stellen, aber das Saarland führt diese durch.

Ich muss dem Zahnarzt absagen. Alle Arbeit umsonst, die Listen, die Einverständniserklärungen, die E-Mails mit den Informationen. Wie sag' ich es meinem Kinde. Der Zahnarzt findet die Entscheidung nicht gereift, aber reagiert verständnisvoll.

»Sie müssen wissen, in der Geschäftsführung sitzen Juristen. Die haben von Medizin nicht unbedingt Ahnung.«

»Oh, ich habe nichts gegen Juristen. Mit denen kann man ganz sachlich reden, mit Medizinern nicht. Das wird schon mal hochemotional.«

»Haben Sie eine Idee, was ich den Angehörigen als Grund nenne? Ich habe so viel Lob bekommen und nun das.«

»Sagen Sie einfach, die Kostenfrage sei doch nicht geklärt. Das verstehen Angehörige immer, und das Lob ist Ihnen trotzdem sicher. Weil Sie verantwortlich gehandelt haben. Im Übrigen kommen flächendeckende Testungen sowieso. Wir wären halt etwas früher dran gewesen. Machen Sie sich keine Sorgen, ich bin nicht böse. Ich habe zwar alle Operationen abgesagt, aber so habe ich mal einen Tag frei. Alles gut.«

147

Er legt auf. Erleichterung. Geld ist doch immer ein Argument.

Mittwoch, 13.05.2020. Die Kuh ist vom Eis.

Die Angehörigen informiere ich per E-Mail, dass keine Testung stattfindet. Mit dem Hinweis, dass die Kostenübernahme als vorsorgliche Testung ohne Symptome nicht bei allen Krankenkassen geklärt werden konnte, trifft auf aller Verständnis. Das Argument der Ablehnung durch die Geschäftsführer wäre ein Knieschuss gewesen.

Meine Vize geht heute für zwei Wochen in Urlaub. Sie hat ihn dringend nötig. Corona, Corona, Hygiene und nochmals Corona. Da braucht es Abstand und Zeit für die Familie.

»Meine Enkelin hat mich in den Arm genommen. Sie sagte, Corona sei ihr egal.«

Wir lachen uns beide kaputt. Wird es je wie früher werden?

Donnerstag, 14.05.2020 Gedenktag der Heiligen Corona.

Ungläubig schaue ich auf die Zeitungsmeldung. Das kann doch nur ein Witz sein, oder?

Das Wort Corona benennt nämlich nicht nur das die Gesellschaft lähmende Virus, sondern benennt zudem eine frühchristliche Märtyrerin, die zufällig auch noch als himmlische Helferin gegen Seuchen angerufen wird. Sie ist die Schutzpatronin der Metzger, Schatzsucher und des Geldes. Passt akkurat zum gegenwärtigen Zeitpunkt.

Nicht zu glauben, oder? Gut 50 Kilometer nördlich von Altötting erhebt sich auf einer Anhöhe in Altenkirchen bei Frontenhausen (Kreis Dingolfing-Landau) die ehemalige Wallfahrtskirche St. Corona.

Im 2. Jahrhundert soll die junge Soldatenfrau in Ägypten grausam hingerichtet worden sein. Dazu wurde sie an die heruntergebogenen Spitzen zweier Palmen gebunden. Zum Grab der heiligen Corona kann man gegenwärtig nicht pilgern.

Die ›Basilika der heiligen Viktor und Corona‹ mit dem Hauptreliquienschrein befindet sich bei *Feltre* in der norditalienischen Region Venetien – eine der ersten übrigens, die aufgrund der Verbreitung des Virus abgeriegelt wurde.

Freitag, 15.05.2020. Der Frisör ist wieder willkommen!

Endlich kommt die Genehmigung der Geschäftsführung, dass die Firma Kornet wieder Einlass finden darf. Es darf nur jeweils ein Kunde im Salon frisiert werden. Behandlungen im Gesicht wie Rasur, Augenbrauen zupfen, Wimpern färben sind nicht erlaubt, wie bei den Salons bundesweit. Die Frisörin und Bewohner müssen einen Mundschutz tragen. Gesichtsbehandlungen vermissen die Senioren nicht, aber die Frisuren wachsen gen Himmel.

Ich bestelle eine Plexiglasscheibe von zwei Metern Breite, die an der Decke aufgehängt werden kann. Die Besuche müssen für den kommenden Herbst organisiert werden.

Ich kann mein Fitnessstudio wieder aufsuchen, nach Eintrag in den Online Terminplaner für maximal eine Stunde Trainingszeit und Duschen ist nicht erlaubt.

Das bringt mich auf die Idee, bei der IT nachzufragen, ob das nicht einzurichten wäre. So könnten die Angehörigen ihre Termine planen und wir müssten keine Excel-Liste führen. Nein, das funktioniert nicht. Kleine Fitnessstudios können eine App einrichten, aber natürlich nicht die IT eines Konzerns. Ich habe es versucht und war nicht die einzige Heimleitung, die auf die Idee gekommen ist.

Mein Kollege ruft mich an und gibt mir Informationen über seine Einrichtung. Er wird ab Montag für 10 Tage im Urlaub sein, und ich bin seine Vertretung im Corona Ausbruchfalls.
Er will auch einen Bauzaun um das Grundstück ziehen und ich gebe ihm die Kontaktdaten von Schwarzfeller Bauzaun GmbH. Falls *Sie* mal einen benötigen, die Firma ist bundesweit aufgestellt.

Montag, 18.05.2020. Abstandsregeln und Umgangsformen am Bauzaun.

Man glaubt es nicht. In Rudeln stehen die Angehörigen vor dem Bauzaun und rufen sich über die Schulter des vor einem stehenden fremden Menschen die Grüße zum Bewohner zu. Wer länger als eine halbe Stunde dort verweilt, bekommt eine Ansage aus den hinteren Reihen.
»Wieso ist meine Mutter noch nicht unten? Ich habe doch vor einer halben Stunde Bescheid gesagt!«
»Was soll denn immer noch dieser Maskenscheiß? Ist etwa Karneval? Der Bouffier hat doch die Pflegeheime

öffnen lassen. Wir halten doch den Abstand ein!«

»Also – Sie stehen jetzt aber lange genug hier. Ich bin jetzt dran!«

Wie soll das erst werden, wenn wir diese Veranstaltungen alle im Haus in einem Raum durchführen müssen, weil es draußen regnet oder im Herbst zu kalt wird?

Die Mitarbeiter der Betreuung stöhnen. Sie rennen sich fast die Hacken wund. Fest steht, Gruppenveranstaltungen können bei dem Besucheraufkommen nicht stattfinden. Dieses spontane Vorbeikommen lähmt die ganzen Abläufe. Dafür werden sie dann auch noch angeraunzt. Es ist Zeit für einen neuen Newsletter.

Erst die gute Nachricht:

›Sehr geehrte liebe Angehörige!

Die Frisörin kommt am Mittwoch, es müssen strenge Hygieneregeln beachtet werden. Es können nur Kunden bedient werden, die mit einem Atemschutz in den Salon kommen, Trockenhaarschnitte sind untersagt, es darf also der Haarschnitt nur als Kombileistung angeboten werden, jede Bedienung beginnt mit einer Haarwäsche. Gesichtsnahe Dienstleistungen (Wimpern färben, Bart schneiden etc.) sind noch untersagt. Kunden müssen zu allen Personen (außer der ausführenden Friseurin, würde ich gerne sehen, wie das gehen sollte) mindestens 1,5 Meter Abstand halten. Keine Friseurkontakte außerhalb der Frisierstube und die Nutzung des Wartebereichs ist nicht möglich. Und last not least: Kunden mit Symptomen einer Corona-Infektion dürfen nicht in den Salon (wenn nicht ärztlich festgestellt ist, dass es sich um eine andere Erkrankung handelt). Ferner dürfen keine Speisen, Getränke und Zeitschriften bereitgestellt werden.‹

Danach die Erläuterung der Anstandsregeln und der allgemeinen Umgangsformen. Bitte stehen Sie nicht in Rudeln am Bauzaun, bleiben Sie höflich, machen Sie es unseren Mitarbeitern nicht so schwer.

Haben Sie Geduld, wahren Sie Abstand, Geduld und die allgemein üblichen Umgangsformen. REICHEN SIE NICHTS ÜBER DEN ZAUN!

Meine Vize hat sich im Urlaub krankgemeldet. Bluthochdruck, sie hat dauernd Druck auf der Brust und schläft nur im Sitzen. Wie!?

»Frau Jurtendach, letzte Nacht war ich im Klinikum. Also – unsere Hygienemaßnahmen und –regeln sind echt Gold wert. Die desinfizieren sich überhaupt nicht die Hände, nur FFP2-Masken tragen sie. Die brauchen sich über ihre Ausbrüche nicht zu wundern. Nebenan war eine Patientin mit Covid-19-Verdacht.

Also – die hatte so schlimm gehustet, da wurde es einem Angst und bange. Die Ärztin sagte der Kollegin, sie solle sich einen Kittel anziehen, es wäre vielleicht ein Covid-19-Fall. Und ich soll das Nitrospray nicht nehmen. Mein Hausarzt sagt, ich muss es nehmen. Zwei Ärzte, drei Meinungen, wie man es kennt.«

»Sie müssen zum Kardiologen. Und zwar schnell.«

»Ich bekomme erst am 31.07. einen Termin. Auch als ich mit Nachdruck meine Beschwerden geschildert habe, sagte die Mitarbeiterin, eher ginge es nicht.«

»Ihr Hausarzt soll Ihnen einen Termin besorgen, das ist doch kein Ding. Sonst bewegen die sich nicht.«

Sie verspricht es mir. Dass die Ärzte mehr Kapazitäten haben, weil die Patienten aus Angst vor Covid-19 den Praxen fernbleiben, kann so aber nicht vollzogen werden.

Angeblich nimmt die Anzahl an Herzinfarkten zu, weil wenige bei Beschwerden den Arzt aufsuchen. Und dann erst einen Untersuchungstermin am 31.07.? Ein bisschen klamm wird mir wegen meiner Urlaubsplanung. Wenn sie weiter krank ist, wird das wohl nichts werden. Und ich brauche ihn langsam dringend.

Mittwoch, 20.05.2020. Bonuszahlung für Pflegekräfte (Corona-Prämie § 150a SGB XI)

Die Pflegekräfte sollen nicht beim Flashmob mit Klatschen belohnt werden, sondern im Juli eine Prämie erhalten, die sogar steuerfrei sein soll. Von 1500 Euro ist die Rede. Steuerfreie Zahlung? Wie geht das denn? Mit Beteiligung der Arbeitgeber oder ausschließlich vom Bund finanziert? Das bleibt spannend. Ich werde den Mitarbeitern erst berichten, wenn es *sehr sehr* konkret wird.

Heute war die Frisörin im Haus. Große Enttäuschung bei den Bewohnern, dass nicht gefärbt wird und auch Dauerwelle nicht möglich ist.

»Ich bin total grau!«, sagt eine Bewohnerin zu mir, 83 Jahre alt.

»Ja«, sage ich. »Aber jetzt sind Sie schick und flott geschnitten. Das Unvermeidliche mit Würde tragen, Frau Schäfer!« Sie wirkt nicht getröstet.

Frisöre schneiden und färben nicht nur Haare, sie sind gleichsam Sozialarbeiter. Die arme Frisörin muss in voller Schutzkleidung und FFP2-Maske diese Anstrengung erbringen. Ich bringe ihr einen Kaffee und tröste sie.

Die Bewohner, vor allem die Frauen, wirken glücklich. Ein Hauch von Normalität kommt ins Haus, und das durch den Frisör! Wow.

Mittwoch, 27.05.2020. Manch Angehöriger dreht durch.

Die Diskussion am Haupteingang mit Betteln um Sondergenehmigung für ein Treffen vor dem Haus und das bei verschiedenen Mitarbeitern zerrt an den Nerven und ich merke, dass ich sehr urlaubsreif bin. Meine Geduld ist schier am Ende, wie eine stolpernde Schallplatte immer dasselbe erzählen zu müssen.

Die Mitarbeiter sind gestresst, weil sie den Blockwart spielen müssen. Es sind zum Glück nur wenige Angehörige, bei 110 Bewohnern im Haus satte dreizehn, aber die sind penetrant und zeigen überhaupt kein Verständnis, nicht ins Haus kommen zu dürfen, die Mutter nicht umarmen zu können und beim Besuch warten zu müssen, bis sie dran sind. Wo doch in Rheinland-Pfalz alles viel besser ist. Und im Herbst wären hier sowieso alle tot.

Bei diesem Niveau hilft nur der Gesprächsabbruch und die Tür verschließen. Ich will es hier nicht weiter kommentieren.

Und einen Mundschutz trägt die Begleiterin der

Tochter auch nicht. Aber gibt saftige Kommentare ab. Ich muss die Mitarbeiter vor diesen Attacken schützen, ich fühle mich wie ein Gerichtsdiener.

Heute hatte ich ein Gespräch mit einem schwerstpflegebedürftigen Bewohner, der im Dezember ausziehen und in eine barrierefreie, im Bau befindliche Eigentumswohnung ziehen will. Um die Badgestaltung mit Fliesen und Sanitäranlagen planen zu können, möchte er mit seiner Ehefrau in Frankfurt in ein Fliesengeschäft fahren. Ausgerechnet Frankfurt! Nach einem Gottesdienst in der Baptistengemeinde sind 114 positiv Getestete ein echtes Alarmsignal. Das Virus ist präsent!

Die BIVA (Interessenvertretung Pflege und Betreuung, www.biva.de) hat eine Petition eingereicht:

https://www.biva.de/biva-petition-besuche-in-pflegeheimen-ermoeglichen/

Allerdings ist diese vom 24.04.2020. Die Länderregierungen haben Besuche ermöglicht, wenn auch mit unterschiedlichen Kriterien. Was dieses Chaos in Deutschland anrichtet, sind große Unsicherheiten und das Vorpreschen von Ministerpräsidenten wie Herrn Bodo Ramelow von Thüringen.

Alles zurücknehmen, keine Beschränkungen mehr. Dann korrigiert er sich, rudert zurück, er habe ja nur die Kompetenzerweiterung der Gesundheitsämter gemeint. Na, da können wir beruhigt sein. Die Gesundheitsämter – ja, die haben alles im Griff.

Es wird Zeit, das Tagebuch zu schließen. Am 01.06.2020 darf ich für drei Wochen in Urlaub gehen. Es fällt mir schwer, aber ich merke, dass ich eine Auszeit brauche, meine Töchter und meinen Enkel wiedersehen muss.

Ich hoffe sehr, dass es keine Fortsetzung eines Corona Tagebuches geben muss. Und dass unsere Bewohner gesund bleiben.

Nachwort

Was hat der Lock- und Shutdown gebracht? Die Frage, ob die in Deutschland getroffenen Maßnahmen zur Eindämmung der Corona-Pandemie wirklich notwendig waren, rief die Verschwörungstheoretiker auf den Plan, deren krude Fantasien die Psychiater herausfordern müsste.

Zeitpunkt um den **7. März**: Zu diesem Zeitpunkt wurden Großveranstaltungen wie Messen und Fußballspiele verboten. (In NRW z.B. am 10. 03.). Zeitpunkt um den **16. März**: Fast alle Schulen, Kindergärten und die meisten Geschäfte wurden am 16.3. auf Anordnung geschlossen. Ganz zu schweigen von den Pflegeheimen und den Besuchsverboten in Krankenhäusern. Zeitpunkt um den **24. März**. In dieser Phase wurden die Kontaktbeschränkungen eingeführt (konkret am 22.03.20). Die Wachstumsrate der Virusverbreitung sank auf -3 %.

Deutschland erlebte keine Schreckensszenarien wie in Italien und Spanien, von den USA ganz zu schweigen.

Das mag an ihrem narzisstischen Präsidenten liegen, an dessen Verstand man schon länger zweifelt.

Ausgebliebene Schäden sieht man eben nicht. Was nicht eintritt, kann nicht beurteilt werden.

Hinterher ist man schlauer usw. usw. ...

Covid-19 ist unser neuer Alltag. Das Virus wird uns weiter beschäftigen und viel Geld kosten. Manches hat es verändert. Nicht nur zum Negativen, nein, die Menschen konnten sich auf das Wesentliche besinnen und wissen besser den Luxus unserer Rechtsprechung und Gesetze zu genießen. Und Deutschland hat besonnen reagiert, es gab keine Massengräber wie in der Türkei.

Bitte vergessen Sie das nicht! Wir Deutschen neigen dazu, auf hohem Niveau zu jammern.

Und geneigte Leserin und geneigter Leser: Bleiben Sie bitte gesund und unterschätzen Sie das Virus nicht. Lassen Sie sich impfen, wenn es in naher Zukunft einen Impfstoff gibt. Impfgegner sind nämlich ein reines Luxusproblem. Oder nicht?

Denn die Impfskepsis stellt laut WHO eine der größten Gesundheitsgefahren da.

Teil II
Doch das war erst der Anfang.

Wie sagte der englische Astronom, Mathematiker und Physiker Isaac Newton:

›*Was wir wissen, ist ein Tropfen.*
Was wir nicht wissen, ist ein Ozean.
Wenn ich fähig war, weiter zu sehen als andere,
dann deshalb, weil ich auf den Schultern von
Riesen stand‹.

Vorwort zur Neuauflage

Mein Tagebuch ›Shutdown im Pflegeheim‹ endete Ende Mai 2020 mit der optimistischen Hoffnung, dass es keine Fortsetzung geben wird.

Nun, es kam anders. Es folgten Ereignisse, die alles vorher Dagewesene übertrafen. Deshalb entschloss ich mich in 2024, zwei Jahre nach meinem Eintritt in den Ruhestand, die sich überschlagenden Vorgänge, die explodierenden Inzidenzen und das Gezerre der Ministerpräsidenten der Länder aufzuschreiben.

Inzwischen hat Christian Drosten, leitender Virologe des Instituts für Virologie an der Charité in Berlin, gemeinsam mit dem Journalisten Georg Mascolo mit dem unheilschwangeren Titel ›Alles überstanden?‹, einen Rückblick in Form von Gesprächen zu einer Pandemie, die nicht die letzte sein wird, veröffentlicht. Ullstein Buchverlage GmbH Berlin, 2024.

Das Journalistenpaar Katja Gloger und Georg Mascolo veröffentlichen die Corona Protokolle als ›Innenansichten einer Pandemie‹ in ihrem Buch: ›Ausbruch‹, erschienen 2021 im Piper Verlag GmbH München. Mascolo hatte Zugang zu internen Dokumenten und Abläufen des Krisenmanagements.

Es begann mit dem Rosenmontag des Jahres 2020,

am 24. Februar.

Mascolo gehört zu den führenden investigativen Journalisten und war Spiegel-Chefredakteur.

Die Lektüre dieser Bücher hat maßgeblich zu meinem Entschluss beigetragen, eine Fortsetzung von ›Shutdown im Pflegeheim‹ unter einem neuen Titel zu schreiben:

›Das Beste hoffen, fürs Schlimmste planen‹.

Das Virus und die Sehnsucht nach Normalität

Im Jahr 2020 hielt die ganze Welt ein Corona Virus in und außer Atem. Am 16. März 2020 wurde ein Besuchsverbot für die deutschen Pflegeheime erlassen, Grundrechte eingeschränkt, Kontakt- und Reiseverbote erteilt, die europäischen Grenzen geschlossen. Niemand, wirklich niemand stand auf der Schulter eines Riesen. Keiner sah voraus, was uns in dieser Pandemie bevorstand. Selbst die erfahrenste Heimleitung konnte nicht all die Umstände berücksichtigen, die letztendlich eintraten.

Behörden schoben die Verantwortung für die Bewohnersicherheit, die Umsetzung der Auflagen im Umgang mit Besuchern usw. auf die Betreiber ab.

Mir stellte sich die Frage: ›Stehen wir denn nicht auf einer Seite, haben wir nicht ein gemeinsames Ziel vor Augen, den Bewohner vor Schaden bewahren?‹

Der allgemeine Personalmangel in der Pflege wurde nun auch zu einem Problem innerhalb der Behörden. Und die Betreiber sollten doch bitte darauf Rücksicht nehmen, dass sie keine Zeit oder Ressourcen besitzen, um in der Pandemie und den Hygienekonzepten zu beraten oder zu unterstützen. Brauchen wir die Behörden eigentlich noch? Hilf dir besser selbst, die Ämter tun es sicher nicht. Andererseits: Was gestern galt, konnte am nächsten Tag schon hinfällig sein, und das je nach Bundesland nochmal anders.

Die Erkrankung Covid-19 (Corona Virus Disease 2019) verursachte Angst bis hin zur Panik der Leitung vor einem Ausbruch mit vielen Toten, Quarantäne und erkrankten Mitarbeitern. Was passierte in deutschen Pflegeheimen durch das Auftauchen dieses aggressiven Virus? Angeblich in Wuhan / China auf einem Marktplatz mit exotischen Tieren (zum Beispiel Schleichkatzen) auf den Menschen gesprungen. Die Meldung im Januar 2020, dass drei Chinesen an diesem Coronavirus gestorben sind, wirkte angesichts der 1,44 Milliarden Einwohner geradezu lächerlich. Von Politikern und Regierenden erst verharmlost, blieb uns allmählich das Lachen im Halse stecken. Hektik, Hysterie, blinder Aktionismus, Verwirrung und Panik wechselten sich täglich ab. Im Herbst kam zusätzlich die Wut der Bevölkerung hinzu, die es leid war, ständig mit Einschränkungen ihres Privatlebens reglementiert zu werden. Coronaviren sind nicht neu. Sie verursachen meist harmlose Krankheiten des Magen-Darm-Trakts oder der oberen Atemwege, zum Beispiel Erkältungen.

Nur das neuartige Virus mit dem Namen SARS-CoV-2 erwies sich als nahezu teuflisch ansteckend. Die Krankheit, die sich aus einer Infektion mit dem Coronavirus entwickelte, nennt man COVID-19.

Diese kann fast ohne oder nur mit milden Symptomen verlaufen, oder zu schweren Lungenerkrankungen bis hin zur Beatmungspflichtigkeit auf der Intensivstation und im Worst Case zum Lungenversagen führen.

Deshalb stand das Hamstern von Schutzmaterial stand an oberster Stelle. Wer hätte geahnt, dass die Bestellung und die Lieferung von banalen Dingen wie Masken, Schutzkittel und Desinfektionsmittel keine Selbstverständlichkeit mehr waren? Und wie freuten wir uns über das Paket mit drei kontaktlosen Fieberthermometern aus China!

Die Anfangsgeschichte habe ich ausführlich in meinem dreimonatigen Tagebuch von März bis

Ende Mai 2020: ›Shutdown im Pflegeheim‹ beschrieben, erschienen im BoD Verlag unter der ISBN 978370 765811 im Juli 2020.

Das Buch schickte ich an den Pflegebeauftragten Guido Westerfellhaus, an Karl-Josef Laumann, Gesundheitsministerium NRW, an Guido Spahn, Bundesgesundheitsminister sowie an das Nachrichtenmagazin ›Der Spiegel‹, an die Zeitschrift ›Brigitte‹ und last not least im Dezember 2020 an die damalige Bundeskanzlerin Angela Merkel. Frau Merkel legte ich ein von mir in Kuli gezeichnetes Porträt anbei.

Sie begeisterte mich ob ihrer Beharrlichkeit in der überwiegend mit Männern besetzten Ministerrunde, in der jeder Landesvater die Hoheitsrechte über sein Bundesland besaß und erlassen durfte, was er wollte. Keiner hielt sich an Absprachen, die Sitzungen blieben nicht vertraulich, sondern alle Informationen wurden quasi sofort durchgestochen. Die Bundeskanzlerin schickte mir durch das Sekretariat ein Dankesschreiben hinsichtlich der Verbundenheit, meinem Engagement in der Pflege und wegen des Kuliporträts. Ich war beeindruckt.

Jedoch nach einem relativ ruhigen Sommer mit Öffnung der europäischen Grenzen am 15.06.2020 schnellten die Inzidenzen jeden Monat weiter in die Höhe. Es raubte mir die Illusion einer überstandenen Krise mit Rückkehr zur Normalität.

Der halbherzige Lockdown light mit dem Blick auf das bevorstehende Weihnachtsfest startete im November 2020, Weihnachten sollte natürlich nicht gefährdet werden. Gefolgt vom harten Lockdown bis zum 8. Januar 2021, verlängert bis zum 15.01.2021, dann bis zum 08.03.2021.

Es hagelte Pleitewellen der Unternehmer, Gastronomien, Künstleragenturen. Aber Hauptsache, die Gerichte gingen mit der Politik konform und blieben bei der Stange, wenn geklagt wurde. Es gab wieder keine Parlaments-abstimmungen. Aber Klagen, die gab es. Das Infektionsschutzgesetz ist in der Lage, jegliche Grundrechte für einen begrenzten Zeitraum aushebeln.
Das wurde uns erst jetzt im Vollzug klar.
Der harte Lockdown im Frühjahr galt doch überwiegend dem Schutz unseres Gesundheitswesens, namentlich der drohenden Überlastung der Krankenhäuser, so wie in Italien und Spanien geschehen. Container mit Särgen vor Kliniken, Sauerstoffgabe vor den Eingängen an schwer Erkrankte, zeigten brutal das ganze Elend einer nicht beherrschten Pandemie.

Im Herbst wiederholte sich das Szenario, es war klar, der Winter würde hart werden. Auch bei uns. Die Infektionen in Hessen stiegen an. Schutzmaterialien waren problemlos zu bekommen, ein Hamstern war nicht mehr erforderlich. Allenfalls die Lieferung von Nitril Handschuhen wurde mehr und mehr limitiert und teuer. Ein Paket mit 100 Stück kostete im Dezember 15 Euro netto!!

Und dann kamen die Corona Schnelltests, die Testverordnung und deren Finanzierung. 6 Euro pro Test plus 9 Euro Personalkosten fing der Pflegerettungsschirm auf. Kein schlechtes Geschäft für Pflegeheimbetreiber.

Perspektivisch sollten Schnelltests, Impfungen und die Hygieneregeln AHA-L (steht für: Abstand-Händehygiene-Alltagsmaske - Lüften) den Deutschen Bewegungsfreiheit, Gesundheit oder Genesung bringen. Impfzentren wuchsen überall wie Pilze aus dem Boden die Hausärzte beklagten indes, dass ihnen aufgrund der Zentren die Einnahmen abhandenkamen. Zunächst fehlte jedoch der Impfstoff. Die rechtzeitige Bestellung hatte das EU-Parlament versäumt.

Zur Erläuterung: **Was unterscheidet PCR Tests von den PoC Schnelltests?** Wer sich möglicherweise mit dem Coronavirus Sars-CoV-2 infiziert hat, wird mit einem PCR-Test untersucht. Er gilt als der Goldstandard. Hier wird der Erreger mittels molekularbiologischen Tests nachgewiesen. Der Arzt nimmt eine Probe aus den Atemwegen – entweder einen Abstrich mit Watteträger oder Untersuchung von ausgehustetem Schleim. Spezialisten bereiten diese Probe dann im Labor auf und suchen nach dem Erbmaterial des Virus.

Dabei wird ein bestimmter Abschnitt des Viren-Erbguts millionenfach kopiert. Die Kopien werden mit einer sogenannten Sonde farblich markiert und diese Farbmarkierung wird dann mit komplexen Geräten sichtbar gemacht. Sind entsprechende Farbsignale vorhanden, handelt es sich um eine ›positive Probe‹.

Wofür eignet sich ein PCR-Test? Der Test spürt die Viren auf. Dadurch erlaubt er eine sichere Diagnose, dass sich jemand angesteckt hat – und das schon, bevor das Immunsystem reagiert, sprich, sobald die Viren im Körper sind. Immerhin kam man jetzt schneller an den Test, im März 2020 war die Chance auf einen Lottogewinn höher, als einen PCR-Test zu bekommen. Nur bei Anordnung durch die Gesundheitsämter war die Kostenübernahme kein Problem. Sonst musste man selber zücken. Die Krankenkasse fühlten sich nicht zuständig, die Hausärzte nicht und die Gesundheitsämter besaßen keine Corona Tests.

Versuchen Sie erst gar nicht, das zu verstehen.

Was ist ein PoC Antigen Schnelltest, gleich Point-of-care-Antigen-Schnelltest?

PoC-Antigen-Tests ermöglichen eine Testung außerhalb eines Labors. Der Test basiert auf dem Nachweis von SARS-CoV-2-Eiweißen. Dazu muss ein Abstrich im Nasenrachenraum vorgenommen werden.

Im Unterschied zu PCR-Tests und laborbasierten Antigen-Tests kann die Testung und Auswertung der PoC-Antigen-Tests durch fachlich (un)qualifiziertes Personal vor Ort erfolgen.

›*Die Verordnung zum Anspruch auf Testung in Bezug auf einen direkten Erregernachweis des Coronavirus-SARS-CoV-2 (Corona-Testverordnung-TestV) vom 30. November 2020 des Bundesministeriums für Gesundheit, sieht in § 4 TestV zur Verhütung der Verbreitung des Coronavirus SARS-CoV-2 Testungen in bestimmten Einrichtungen und Unternehmen für Personal, Bewohnerinnen und Bewohner / Patientinnen und Patienten und zum Teil für Besucherinnen und Besucher vor.*›

Bla - bla – blatzebla. Diese Textwüsten erhielt ich jeden Tag, musste ich nicht nur lesen, sondern auch noch verstehen.

Da wurden Milliarden an Subventionen und für Stütze ausgegeben, aber für die Diagnostik blieb kein Geld übrig, bzw. die Kostenübernahme musste in deutscher Gründlichkeit monatelang von der Politik diskutiert werden.

Im Laufe von zwei Wochen bemerkte unsere Landesregierung endlich durch Intervention unseres Verbandes als Mitglied im Covid - 19-Planungsausschuss des HSMI (Hessisches Ministerium für Soziales und Integration), dass es nicht genügend Fachkräfte gab, die diese zusätzlichen Aufgaben neben dem Tagesgeschäft der Bewohnerversorgung stemmen konnten. Zum Glück wurde dieser Entscheid wieder gekippt.

Jeder durfte jetzt, wenn er von einem Arzt unterwiesen wird. Deshalb konnten auch andere nun ran, vom arbeitslosen Kellner bis hin zur Verkäuferin.

Aber jetzt kommts! Einen Stundenlohn von 20 Euro hielt das HSMI für angemessen. Ich lehnte das ab und führte deswegen eine telefonische Diskussion mit der Agentur für Arbeit. Die Mitarbeiterin rief mich an.

»Warum wollen Sie denn medizinisches Personal? Es darf doch jetzt jeder testen? Zum Beispiel die Kellner und Verkäufer, die arbeitslos sind.«, fragte sie erstaunt.

»Weil es nicht jeder kann. Das ist kein leichter Job, man muss mit Menschen umgehen können,

Gerüche und Gemecker ertragen, den Test verantwortungsvoll durchführen, auch wenn dabei gewürgt oder gespuckt wird. Nur mal über die Zunge streichen, das hilft nicht. Es gibt Menschen, die sich spontan erbrechen, manchmal fallen Gebisse heraus oder vor Aufregung und Stress kommt es zu Blutdruckabfall und Kollaps. Das kann man medizinisch ungebildeten Bewerbern nicht zumuten. Und ein Stundenlohn von 20 Euro würde bei uns den Betriebsfrieden erheblich schief werden lassen.« Ich schilderte ihr noch ausführlicher unsere Erfahrungen mit den vielen Testungen und sie bedankte sich.

Sie beabsichtigte, das im Meeting mit der Landesregierung anzusprechen.

»Dieser Stundenlohn soll helfen, die Stellen mit Testern besetzen zu können. Es ist doch unattraktiv, eine befristete Stelle anzutreten, bei der man nach ein paar Monaten wieder arbeitslos sein wird«, sagte die Dame vom Arbeitsamt.

»Aber eine Pflegefachkraft verdient nur 17 Euro die Stunde. Eine Fachkraft! Das kann ich hier keinem verständlich machen, diese 20 Euro Stundenlohn. Beschäftigt zu werden kann doch allemal nur besser als arbeitslos sein oder?«

Sah ich das falsch? Was denken Sie?

Na ja, zurück zum PoC Test. In meinem Büro

lagerte Testmaterial im Wert von 14.000 Euro, ein Test kostete 6 Euro. Die Kosten fielen wie schon erwähnt unter den Pflegerettungsschirm (siehe die unter § 150 SGB XI getroffenen Regelungen zur Unterstützung und Entlastung von Pflegeeinrichtungen). Bedeutet, das bezahlt die Pflegeversicherung bzw. der Steuerzahler.

Der Pflege-Rettungsschirm wird glücklicherweise bis zum 30. Juni 2021 verlängert.

Im Prinzip sollte dieser Schirm, der die Corona bedingten Mehrausgaben und Mindereinnahmen in der Pflege refinanzierte, am 31. März enden.

Doch angesichts der aktuellen Infektionslage war jedoch in dem besonders vulnerablen Bereich der Pflege von einer anhaltenden Gefährdungslage und in der Folge von andauernden Belastungen für Leistungserbringer und Pflegebedürftigen auszugehen, begründete das Bundesgesundheitsministerium die geplante Verlängerung. Auch bei der Verwendung von PoC-Antigen-Tests war die anlassbezogene und zielgerichtete Testung essentiell.

Wesentlich war daher das Vorliegen eines einrichtungs- oder unternehmensbezogenen Testkonzepts. Dieses wurde Anfang November von der Konzernleitung entwickelt und an alle bundesweiten Einrichtungen verschickt. Es fehlte indes nur an den Durchführenden. Doch pro Test zahlt der Staat zusätzlich zu den Materialkosten 9 Euro für den Personalaufwand, also schaute ich schon mal, wer es übernehmen könnte, und schaltete eine Onlineanzeige.

Ein niedergelassener Arzt wies uns in die Durchführung ein. Das geschah so:
Der Abstrich erfolgte im tiefen Rachen, also um das Zäpfchen herum 20 Sekunden lang abstreichen.
Das ist lang, wenn man würgen musste. Sehr lang.
Im Anschluss ging es in die Nase, so weit, bis es nicht mehr weitergeschoben werden konnte. Nicht umgekehrt!
»Oder wollen Sie etwa Ihre Popel essen?«, fragte unser Haus- und Hofarzt Dr. DJ die Belegschaft.
Im Anschluss wurde das Teststäbchen in ein kleines Reagenzröhrchen aus Plastik gesteckt, zugeschraubt, gedreht, geschüttelt und gequetscht. Von diesem Mix wurden 3 Tropfen in die Öffnung der Testkassette getröpfelt und der Wecker auf 15 Minuten gestellt. Der Test sah im Übrigen aus wie ein Schwangerschaftstest. Gibt es einen Positivnachweis, also zwei Balken statt einem, braucht es mitnichten Viertelstunde. Es ist sofort zu sehen!
Aber das funktionierte leider nicht immer problemlos. Die Mundhöhle ist ein intimer Bereich. Ich wusste nun, wer von den Mitarbeitern

geschwollene Mandeln, zum Zahnarzt gehen sollte oder ein Zungenpiercing hatte. Na ja, und die Zahnpflege war trotz Testtermin nicht immer erfolgt. Viele Menschen halten ihr ›Esszimmer‹ einfach nicht sauber. Ich war froh, dass ich keine Zahnärztin geworden bin. Zu diesem Zeitpunkt war das wohl der gefährlichste Beruf der Welt.

Seit Ende November 2020 ist unsere Einrichtung nunmehr Testlabor für Bewohner, Angehörige, Mitarbeiter, Handwerkerfirmen und damit sind wir quasi der verlängerte Arm des Gesundheitsamtes. Die Mitarbeiter der Behörde sind hoffnungslos überlastet in der Kontaktnachverfolgung.

Die ich inzwischen für reinen Quatsch und für eine Sisyphusarbeit halte.

Am Freitag, 04.12.2020 um 17:00 Uhr haben wir den **ersten positiven Fall** eines PoC-Testes.

Der Sohn eines Bewohners ist überrascht und fassungslos, er weist überhaupt keine Symptome auf. Vorsichtshalber wiederholen wir den Test. Es blieb dabei: Positiv. Der Angehörige musste sofort die Einrichtung verlassen, es tat mir so leid.

Aber er blieb gelassen und bedankte sich sogar. Nach fünf Tagen erhielt er einen PCR-Test, der ebenfalls positiv war und er hatte noch immer keine Symptome oder ein Krankheitsgefühl. Ohne Test wäre er zu seinem Vater ins Zimmer gegangen und hätte mit ihm ein Hähnchen vom Grill gegenüber verzehrt. Also hat sich das Projekt mit Schnelltests doch schon gelohnt und Schaden und vermutlich einen Ausbruch im Haus verhindert.

Ab dem 07.12.2020 arbeiteten alle Mitarbeiter im Haus mit KN 95 oder FFP2 Masken, nicht mehr mit den dreilagigen Mund-Nasen-Schutzen.

Der Begriff FFP ist die Abkürzung für ›Filtering Face Piece‹, eine filtrierende Gesichtsmaske. Atemschutze der Klassen FFP1, FFP2 und FFP3 sind in Europa normiert und schützen vornehmlich den Träger vor Partikeln wie Staub oder aktuell vor Viren. Je höher die Schutzklasse, desto besser filtert die Maske.

Masken mit Filter waren inzwischen tabu, weil die Umgebung durch die Ausatemluft des Trägers gefährdet wurde.

Alles drehte sich um die Reproduktionszahl R-Null aus der Infektionsepidemiologie.

Ohne Distanzierungsmaßnahmen schätzt man sie beim Coronavirus auf drei. Das bedeutete, dass ein Infizierter drei weitere Personen ansteckt. So die akademische Berechnung bei dieser Kennzahl. Eine Zahl, die wie ein Buchstabe aussieht.

Am gleichen Tag verhängte unser Landesvater Bouffier ab dem 11.12.2020 eine nächtliche **Ausgangssperre** von 21:00 Uhr – 05:00 Uhr, mit Geltung bis zum 20.12.2020. Klar, tagsüber im

Großraumbüro oder in Bussen dicht an dicht, aber nachts durfte im Winter niemand auf die Straße. Wie bescheuert war das denn?

Ich schrieb ein zweites Mal so zirka 80 Passierscheine für die Mitarbeiter in der systemrelevanten Tätigkeit in einer Pflege-einrichtung.

Am Donnerstag, 10.12.2020 ist die Tür zu

Ich schloss die Einrichtung für Besucher. Die meisten der Angehörigen reagierten mit Verständnis, ich bekam sogar Lob für meine schnellen Entscheidungen. Eine Mitarbeiterin in der Betreuung war positiv getestet und hatte an einem Tag 23 Bewohner in ihren Zimmern besucht. Eine weitere Mitarbeiterin im Pflegebereich wohnte im gemeinsamen Haushalt mit ihrer positiv getesteten Tochter.

Sie wurde sofort in Quarantäne geschickt. Die dritte Mitarbeiterin vom Demenzbereich hatte zwar einen negativen PoC-Schnelltest auf Covid-19, aber der PCR Test des Labors war zwei Tage später positiv. So viel zur Zuverlässigkeit der Schnelltests. Gleichzeitig mussten ab sofort alle Bewohner in ihren Zimmern essen, die Mahlzeiten wurden gebracht. Es fanden überhaupt keine Gruppenveranstaltungen mehr statt. Es tat mir leid, dass ich wiederholt für die Bewohnerschaft die Lebensqualität herunterfahren musste. Und die Mitarbeiter in der Pflege hatten einen erheblichen Mehraufwand durch den Zimmerservice.

Die Betreuung leistete Enormes im Trösten und Zuwenden.

Das Tablet für die Videotelefonie war voll im Einsatz. Das Gesundheitsamt reagierte auf meine Meldung der positiven Testungen träge.

Kein Wunder, waren doch alle hoffnungslos überlastet. Die Bundeswehr half der Behörde bei der Kontaktnachverfolgung mittels Telefonaten. Anrufen beim Gesundheitsamt war zwecklos. Es nahm niemand ab. Auf einer Website des Coro-Netzes musste ich die positiven Testungen melden, aber einen Tag später war noch immer nichts passiert. Ich schickte eine weitere Information.

»Da Sie sich auf meine Meldung von gestern nicht gemeldet haben und zwei Mitarbeiter positiv getestet wurden, schließe ich die Einrichtung ab sofort für Besucher.«

30 Minuten später klingelt mein Telefon. Na also. Die Mitarbeiterin des Gesundheitsamtes klingt sehr unsicher.

»Ich bin ganz neu eingestellt und kenne mich noch

nicht gut aus. Können Sie mir etwas über Ihre Einrichtung sagen, wo ist diese und welche Größe hat sie?« *Seufz.*

Ich erläuterte ihr kurz, wer wir sind und wo wir hingehören.

»Was muss ich denn jetzt machen? Was erwarten Sie von mir? Entschuldigen Sie ... ich weiß es wirklich nicht, ich wurde hier einfach so reingeschmissen.«

Okay. Verstehe. Ich wusste genau, was ich wollte. Direkte Kommunikation war nie ein Problem für mich.

»Ich möchte, dass Sie eine PCR-Reihentestung für die gesamte Bewohnerschaft anordnen. Für jeden Wohnbereich, das wären im Haus aktuell 110 Bewohner. Und bitte kein Abstrich Team schicken, wir haben Ärzte, die das besser hinkriegen und die Bewohner kennen. Sie können mir eine E-Mail schicken, das geht doch am schnellsten für Sie, oder? Und vielen Dank für Ihre Unterstützung!«

Ärzte durften diese Vielzahl an Tests nur abrechnen, wenn die Behörde eine Reihentestung *anordnete.* Deshalb beharrte ich auf den schriftlichen Auftrag.

Ich möchte an dieser Stelle wirklich ernsthaft anmerken, dass ich hier niemanden einen Vorwurf machen oder Menschen abwerten wollte, die ihren

Job einfach nicht mehr hinkriegten, nur zuweilen war ich halt genervt und gestresst. Hilf dir selbst, dann freuen sich die Behörden.

Die Ausbrüche in den Pflegeeinrichtungen ringsherum in den Landkreisen alarmierten mich bis in meine Träume hinein. Mitunter starben 20 Bewohner von Heimen innerhalb einer Woche an oder mit Covid-19.

Der Wetterau Kreis schloss die Pflegeeinrichtungen komplett für alle Besucher. Bei uns war das nicht so. Besuche wurden auf zweimal wöchentlich mit zwei Personen begrenzt.

Reihentestung am Samstag, 12.12.2020

Es wurden alle Bewohner innerhalb von zwei Stunden von zwei Ärzten mit PCR-Tests abgestrichen. Können Sie sich diesen Aufwand vorstellen? Die Bewohner waren tapfer, bis auf fünf machten alle mit. Sollten alle Tests negativ verlaufen, würde ich die Speisesäle wieder öffnen, aber die Bewohner müssten zu versetzten Zeiten und ausschließlich wohnbereichsbezogen ihre Mahlzeiten einnehmen. Nur so konnte ich unsere Kontaktverfolgung sicher stellen. Die 2. Etage speist von 12:00 – 12:30 Uhr, und die 1. Etage von

12:30 – 13:00 Uhr. Das bedeutete einen sicheren Abstand zueinander. Kein gemeinsames Mensch-ärgere-dich-nicht Spielen und keine Treffen im Restaurant. Die Zügel wurden noch enger gezogen. Unsere Frühmeetings finden im großen Saal bei geöffneten Fenstern statt. Bei den herrschenden kalten Temperaturen verliefen die Sitzungen in dicken Jacken und ziemlich schnell.

Nun hieß es abwarten. Bis Dienstag brauchten die Labore für die Auswertung.

Machten die überhaupt noch was Anderes, als auf Covid-19 zu testen? Gab es denn tatsächlich noch andere Krankheiten?

Die Angehörigen wurden per E-Mail-Verteiler auf dem Laufenden gehalten. Sie vertrauten einfach und bangten mit mir.

Die Testergebnisse trudelten nur in Etappen ein, fünf Tage später, am Donnerstagabend, wusste ich, dass alle Ergebnisse negativ waren. *Puh! Wieder mal Glück gehabt.*

Mir bereitete das Besuchsaufkommen an Weihnachten Sorge. Vor allem trieb mich um, dass Bewohner an Heiligabend abgeholt werden wollten, um gemeinsam mit den Enkeln zu essen und um unterm Weihnachtsbaum zu singen. Wer schleppte dann alles das Virus in die Einrichtung?

Ich informierte die Angehörigen, dass wir am kommenden **Montag, 21.12.2020** wieder für

Besucher öffnen und genehmigte den Zutritt nur bei negativem PoC-Test. Das Testaufkommen belief sich jetzt auf zweimal wöchentliches Testen von Mitarbeitern, einmal wöchentlich für Bewohner und für die Besucher vor jedem Besuch. Der Arbeitsaufwand mit der Belegschaft, die eigentlich andere Aufgaben hat, war enorm.

Das würden wir auf Dauer so nicht durchhalten.

Gleichzeitig appellierte ich mit drastischen Worten, *niemanden* über die Feiertage nach Hause zu holen. Die Konsequenz wäre, dass der Bewohner im Anschluss für fünf Tage in Quarantäne musste und sein Zimmer nicht verlassen dürfte.

Die Heimaufsicht belehrte mich.

»Frau Jurtendach, das dürfen Sie nicht! Das ist die hoheitliche Aufgabe des Gesundheitsamtes. *Die* dürfen Bürger in Quarantäne schicken, nicht die Heimleiter.«

Na sowas, Eure Hoheit der Behörde. Interessierte mich nicht. Die Heimleiter bekommen höchstens Besuch von der Staatsanwaltschaft. Körperverletzung mangels korrektem Umsetzen des Hygienekonzepts oder wegen Lücken desselben.

»Ich weiß, dass ich das nicht darf. Ich mache es aber trotzdem. Wer hilft uns denn, wenn wir einen Ausbruch haben? Ihre Behörde? Bestimmt nicht, Sie wollen nur Excel Tabellen mit Statistiken, wer ist positiv, wie lange schon, wie ist das Befinden, wann kommen die Testergebnisse? Ja, ich weiß, es ist Weihnachten. Das Virus feiert jetzt schon die Infektionen. Und ich lasse es dann einfach so ins Haus?«

Ich höre die Mitarbeiterin seufzen.

»Na, wenn sich keiner beschwert, dann machen Sie es halt. Aber wenn eine Beschwerde kommt, dann haben *Sie* den Salat!« Aufgelegt. Na, also. Funktionierte doch. Niemals hätte ich ein Jahr zuvor geglaubt, derart mit einer Behörde umzuspringen. Ich würde schon dafür sorgen, dass sich keiner beschwerte. Im Gegenteil. Ich bekam E-Mails mit Glückwünschen zu meinen Entscheidungsänderungen.

»Sie haben ja recht, Frau Jurtendach. Wir lassen Mutter in der Einrichtung, kommen nur kurz auf Besuch.«

Bis auf zwei Angehörige, die nicht davon lassen wollten, sind alle anderen auf meiner Seite. Und wieder bekam ich Anerkennung und Dank.

Ab jetzt durften nur FFP2- oder KN95-Masken getragen werden. Stoffmasken waren für die Besucher nicht mehr erlaubt. Ironie: Es dauerte nur eine Woche, bis es alle verstanden hatten. Der Standard von FFP2 Masken bedeutete einen besseren Schutz vor einer Corona-Infektion als die

Alltags- oder OP-Masken, da die Profi-Masken anders als die genannten Alternativen auch die Träger schützten, sofern sie korrekt angelegt wurden. Das bedeutete, nicht als Halswärmer oder unter der Nase getragen werden.

Im Bundesanzeiger vom Bundesgesundheitsministerium wurde am 14.12.2020 der Anspruch für gesetzlich Krankenversicherte ab dem 60. Lebensjahr auf Schutzmasken verkündet. Aha, dann bekam ich ja auch welche. Ich war zu diesem Zeitpunkt schon fast 63. Da ich ohnehin in die Apotheke musste, versuchte ich das gleich. Welch ein bürokratischer Aufwand! Die Abholung wurde dokumentiert, es gab drei Masken.

Aber rein theoretisch könnte ich in der nächsten Apotheke nochmals drei Masken abholen. Wer wollte das kontrollieren? Ich sprach der Apothekenangestellten mein aufrichtiges Mitgefühl aus.

Am 13.12.2020 verständigten sich Bund und Länder darauf, dass es **ab Mittwoch, 16.12.2020,** einen harten Lockdown geben sollte. Fast alle Läden mussten schließen. Auch Schulen und Kitas waren betroffen.

Ob ich meinen Enkel an Weihnachten besuchen kann, war offen. Der Skiurlaub im Schwarzwald fiel aus. Die Pension stornierte unsere Buchung. Das kam ja nicht wirklich überraschend. Der *Lockdown light* funktionierte nicht. Das Treffen mit engsten Angehörigen an Weihnachten war weiterhin erlaubt. Ich war gespannt auf die Inzidenzen nach den Feiertagen. Vermutlich würde es mehrere Wochen dauern, bis das RKI die Statistiken wieder auf Stand gebracht hatte.

Die machten Pause von der Pandemie. Es wurden nicht alle Infektionen zwischen den Jahren gemeldet, weil an Feiertagen in Behörden nicht gearbeitet wurde.

Nicht, dass mich die Zahlen wirklich interessierten. Wir fuhren mal wieder auf Sicht. Und die war verdammt schlecht.

Die Speisesäle öffnete ich erneut und die Mitarbeiter in der Pflege seufzten erleichtert.

Der Aufwand, jede Mahlzeit auf die Zimmer zu bringen und wieder abholen zu müssen, war enorm. Besucher durften wieder ins Haus kommen.

Nun sollten ab Dezember die Impfungen mit *Corminaty*, dem Impfstoff von Biontech/ Pfizer losgehen. Also, jetzt kam nicht nur der Heiland, sondern die Rettung für Hochbetagte.

Irgendwie konnte ich es noch nicht glauben. Aber ich glaubte ja sowieso an gar nichts mehr. Erst, wenn es da ist.

Jetzt bin ich dran!

Am Sonntag, den 20.12.20 bekam ich abends heftige Hals- und Gliederschmerzen. Unruhe breitete sich in mir aus, denn Montagmorgen war es keineswegs besser. Fieber hatte ich nicht, so machte ich mich auf den Weg zum Hausarzt. Dort durfte ich eine halbe Stunde draußen in der Kälte stehen, weil ich mit Symptomen, die auf eine Corona Infektion schließen ließen, die Praxis nicht betreten durfte. Aber eigentlich warteten dort draußen auch Patienten, die nur ein Rezept oder eine Krankmeldung benötigten.

Die Ärztin trug volle Schutzkleidung mit Visier und Nitrilhandschuhen. Mit den behandschuhten Händen tippte sie auf der Tastatur und druckte eine Krankmeldung für eine Woche aus.

Untersucht wurde ich nicht, aber einen Schnelltest für 36 Euro bot sie mir an. Nein danke. Den bekam ich billiger. Ich legte mich auf meine Couch und in den wachen fitten Phasen loggte mich ins Unternehmenssystem ein und machte Homeoffice. Weihnachten war ich also nicht in der Einrichtung und sorgte mich, dass es doch Covid-19 sein könnte. Am Samstag, 26.12.20 fuhr ich zur Arbeit und ließ mich testen. *Negativ. Puh.*

Ich fragte beim Kreis per E-Mail nach, ob wir tatsächlich mit einem Impfteam rechnen müssten, was am Sonntag nach Weihnachten vor der Tür steht. Die Vorbereitungen mit den unterschriebenen Formularen wie Impfaufklärung und Einverständniserklärungen waren alle abgeschlossen.

Nein, hieß es, wir werden vorher informiert. Im Nachbarort wurde schon geimpft, und das an einem Sonntag.

Impfrunde, die Erste!

Stimmt. **An Silvester, 16:00 Uhr, kam der Anruf**. Das Impfteam trifft am 2. Januar um 13:30 Uhr ein. Na, klasse. Das war in zwei Tagen und Silvester, also heute, wurden ein paar Überstunden geleistet, um die Unterlagen bereitzustellen. Total müde kam ich gegen 20:00 Uhr nach Hause und hielt so gerade bis null Uhr durch. Die Böllerei fiel ja aus.

Wir hatten den Besprechungsraum als Büro umfunktioniert, für Desinfektionsmittel, Elektroverlängerungskabel und freie Tische gesorgt, einen Kühlschrank aufgestellt. Der leerstehende Frisörsalon war die Impfstation, neben dem Speisesaal der Beobachtungsraum, ausgestattet mit Defibrillator und einem

Snoozelwagen. Der für Entspannungsmusik, Duftspender und Lichtorgel sorgte.

Im jungen Neuen Jahr, **am Samstag, 02.01.2021,** fuhr ich schon früh in die Einrichtung, weil mich die Unruhe nicht zuhause hielt. Gute Entscheidung. Das Impfteam kam um 11:30 Uhr statt um 13:30 Uhr. Es waren acht Mitarbeiter eines multiprofessionellen Teams: Zwei Ärzte, ein Apotheker, zwei medizinische Fachangestellte, die die Impfungen durchführten, und drei Rettungsassistenten, die an den Laptops dokumentierten und die Laufzettel ausfüllten. Auf ihren T-Shirts stand: ›Gefahrenabwehr‹. Ich begrüßte die Herrschaften, fragte vorsichtshalber, ob sie alle einen negativen Test hinter sich haben und ließ ihnen Kaffee bringen.

Eine Mitarbeiterin begann am Schreibtisch mit der Impfstoffbereitstellung. Dazu wurde der tiefgekühlte Impfstoff in der Ampulle mit Kochsalzlösung verdünnt und in entsprechende Spritzen aufgezogen.

Für den geschützten Demenzbereich wurden sukzessive immer acht Impfdosen vorbereitet.

Eine Pflegefachkraft begleitete die Ärztin in den Wohnbereich, die Kollegen beruhigten die demenzkranken Bewohner und entfernten die Oberbekleidung für die Impfung in den Oberarm. Es klappte ziemlich zügig, die Bewohnerschaft machte gut mit.

»Warum muss ich denn in den Ruheraum?«, fragte eine Bewohnerin.

»Wir müssen kontrollieren, ob Sie vielleicht gelbe Punkte im Gesicht bekommen, das wird der Arzt dann wissen wollen.«

Wir schmunzelten alle. Die Leitung der Betreuung hatte einen besonderen Sinn für Humor.

Ich saß nach meiner Impfung dort und wollte gar nicht mehr aufstehen, so gemütlich war es.

Nicht zu glauben, aber um 17:00 Uhr waren wir mit der Impfung bei Bewohnern und den Mitarbeitern durch. Leider ließen sich nur 30% der Belegschaft impfen, es gab noch zu viele Vorbehalte gegen diesen mRNA Impfstoff. Frauen befürchteten, dass sie unfruchtbar werden, andere, dass ihnen ein drittes Ohr auf der Stirn wächst. Kein Witz. Sie sorgten sich, dass Corminaty die Gene veränderte.

Im Laufe der Nacht wurde mein linker Arm schwer, ich konnte nicht darauf liegen. Die Impfstelle war am nächsten Morgen gerötet und juckte etwas. Ich spürte leichte Kopfschmerzen und fühlte mich sehr müde. *Alles im Normbereich befindlich,* kenne ich auch von der Impfung gegen Influenza A.

Die zweite Impfung fand genau drei Wochen später am 23.01.2021 statt. Dieses Mal klappt es sogar noch schneller. In drei Stunden leistete das neu zusammengesetzte Impfteam ganze Arbeit.

Die Mitarbeiterin der Betreuung litt nach ihrer Infektion an Post-Covid. Mitte Januar wurde sie wegen andauernder Übelkeit ins Krankenhaus aufgenommen. Körperliche Belastung – sie ist eine begeisterte Radfahrerin – war nicht erlaubt.

»Stellen Sie sich vor, meine Katze ist auch positiv. Sie hat nicht mehr gefressen und beim Trinken schluckte sie so komisch. Da habe ich sie testen lassen.«

»Und was macht der Tierarzt jetzt?«

»Nichts. Meiner Katze geht es gut.«

Bis Ende Januar war sie krankgeschrieben, dann erschien sie wieder zum Dienst.

»Ich bin okay«, sagte sie. »Ich fahre auch wieder mit dem Rad. Muss ich jetzt immer noch eine Maske tragen?« Ja, musste sie.

Am 06.02.2021 beschloss die Konzernleitung, dass vor *jeder* Schicht die pflegerischen Mitarbeiter getestet werden müssen. Die Bewohner zweimal pro Woche. Die Besucher sowieso. Wir kamen damit auf 2.500 Tests im Februar. Gut, dass ich bei der Jobbörse der Agentur für Arbeit ein Stellengesuch geschaltet hatte. Gut auch, dass ich einen Aufruf im E-Mail-Verteiler der Angehörigen kurz nach Weihnachten verfasste: *Medizinisches Fachpersonal zum Testen gesucht!* Es meldete sich sogar ein Arzt, der Schwiegersohn einer

Bewohnerin.

»Würden Sie auch einen Arzt nehmen?«, fragte er mich am Telefon. Ich brach in Gelächter aus.

Ehrenamtlich wollte er einmal die Woche zu uns kommen. Ich war total baff. So gab es immer mal wieder auch schöne Momente.

Eine Angehörige war Krankenschwester im Ruhestand. Der von uns positiv getestete Sohn wollte uns auch unterstützen. Er war mal Rettungsassistent.

Ich stellte sogenannte sachgrundbefristete Arbeitsverträge auf geringfügiger Beschäftigungs-basis aus, die sog. 450-Euro-Jobs. Vorsichtshalber längstens bis zum 30.06.21.

Der Kreis bot für drei Wochen die Unterstützung durch die Bundeswehr an. *Wir. Dienen. Deutschland.*

Der Slogan stand auf ihrem Auto. Zwei Soldaten im Flecktarn mit weißem Kittel darüber halfen uns in der Frühe von 05:45 Uhr bis 10:30 Uhr, im Anschluss fuhren sie in eine andere Einrichtung. Das war sehr vorteilhaft, denn um diese Zeit schon zu arbeiten, war schon lange nicht mehr mein Ding. Die Einsätze werden zweimal verlängert. Wenn die Kameraden auch die meiste Zeit Leerlauf haben und ihr Handy studierten, war es doch großartig, was das Land oder der Bund an Hilfen anbot. Den Umgang mit Zivilisten mussten sie allerdings üben.

Sie wurden von einem Mitarbeiter, der ebenfalls Angehöriger war, in ihre Aufgabe eingewiesen.

»Achtung!«, brüllte der. »Chefin im Raum!«

Da stehen die tatsächlich stocksteif mit Händen an der Hosennaht vor mir. *Also ehrlich!*

»Sie brauchen vor mir nicht zu salutieren! Wir sind nicht auf dem Kasernenhof. Bleiben Sie mal ganz locker!«

Nach zwei Tagen tauten sie auf und boten auch in ihrer Freizeit Unterstützung am Wochenende an. Ich war mal wieder sprachlos. Und sehr dankbar. Der bürokratische Aufwand war allerdings hoch. Die Bundeswehrtestungen wurden nicht mit 9 Euro pro Test gesponsert, diese Personalkosten konnten wir nicht geltend machen. Darüberhinaus musste jeder Test, den die Kameraden durchführten, *gesondert* dokumentiert werden. Ein riesiger Zeitaufwand für die Erstellung der Testlisten, die zwecks Kostenerstattung am Monatsende an das Pflegesatzreferat des Konzerns geschickt wurden.

Mitte März befanden wir uns in der sogenannten dritten Welle. Gleichzeitig wurde der Lockdown verschärft und galt bis zum 18. April. Der Kreis schrieb mir per E-Mail, dass der Einsatz der Kameraden nicht mehr verlängert wird. Die hessische Landesverordnung erhöhte die Anzahl

193

der Besuche von zweimal wöchentlich auf einmal täglich mit zwei Personen. Die Bewohner sollten nicht vereinsamen. Viele hatten vor Corona aus den verschiedensten Gründen (Krach in der Familie, keine Angehörigen mehr da oder sie kamen mit der Demenzerkrankung der Mutter oder des Vaters nicht zurecht und blieben fern) auch keinen Besuch gehabt. Das Thema wurde gewaltig von den Medien hochgeputscht.

Ich war wütend.

Klar, man muss die Welt nicht verstehen, man muss ich nur in ihr zurechtfinden.

Ich schrieb eine Wut Mail an den Kreis.

›Sehr geehrte Kolleg*innen, das ist eine tolle Idee, mitten in der dritten Welle die Bundeswehr abzuziehen bei gleichzeitiger Frequenzerhöhung der Besucher, die täglich mit zwei Personen kommen dürfen bei bleibender Testverpflichtung. Das Testaufkommen ist durch unser Personal nicht mehr zu stemmen. Ich fordere weitere Unterstützung durch die Soldaten.‹

Und dann wurde es doch nochmal verlängert, bis zum 23.04.21. Das Team wurde vom Vorgesetzten ausgetauscht und die neuen Kameraden testeten jetzt aber nur von 05:45 Uhr bis um 09:30 Uhr. Und wenn ich um 8:00 Uhr ins Büro kam wollten sie Essen und vor allem Kaffee bekommen. Nun ja. Machte ich ja gerne, aber nur einmal. Die

Mitarbeiter aus der Küche stellten den beiden um 06:30 Uhr Kaffee und Frühstück in den Frisörsalon. »Sie müssen langsam entwöhnt werden«, sagte einer der Stabsoffiziere. Okay, bevor wir auf Entzug kamen, musste ich wieder einstellen, einstellen, einstellen. Kommet doch zuhauf.

Die Gedanken, die mir so durch den Heimleitungskopf gingen, will ich Ihnen an dieser Stelle mal schildern. Ob *Geimpfte* das Virus weitergeben können, wenn sie sich infizieren, war nicht geklärt. Aber gingen wir vom Worst Case aus. Sie geben es weiter, auch nach wiederholten Impfungen mit verschiedenen Impfstoffen, mRNA (Biontech/Pfizer) oder Vektorimpfstoffen (AstraZenica oder der russische Sputnik V). Das würde doch bedeuten, weiter testen, weiter Masken tragen, weiter Abstand halten, oder nicht? Für immer also? Das Virus war präsent und mutierte vermutlich auch zukünftig. Kamen wir je aus der Nummer raus? Die Pandemie empfand ich wie eine Zwiebel. Man arbeitete sich von Schale zu Schale und immer, wenn ich dachte, jetzt habe ich es kapiert,kam die nächste Schale. Wie nah waren wir inzwischen dem Spross? Oder hockten wir noch immer auf der ersten Schale?

Zurück zur Politik. Angela Merkel hatte von ihrer 16-köpfigen Runde die Kanzlerinnennase voll. Die berieten sich bis 3 Uhr morgens, präsentierten dann Entscheidungen, an die sich niemand von den Ministerpräsidenten hielt, oder wenigstens nur halbherzig, oder planten Öffnungsprojekte für die Geschäfte. Zum Beispiel, den Zutritt nur mit negativem PoC-Test zu gewähren.

Merkel wollte dem Bund mehr Kompetenzen in der Pandemie einräumen.

Wie? Natürlich mal wieder mit einer Änderung des Infektionsschutzgesetzes (IfSG).

Das musste allerdings durch das Parlament und den Bundesrat, immerhin wäre das mal ein parlamentarischer Beschluss. Würde bedeuten, dass die Verwaltungsgerichte verschiedene Maßnahmen wie nächtliche Ausgangssperren nicht mehr kippen könnten. Mal zur Abwechslung eine Abstimmung im Bundestag und ein kleiner Luftzug von Demokratie.

Die Zeitschrift ›Altenheim‹, ein Magazin für Führungskräfte im Management von Pflegeeinrichtungen, schrieb in seiner Ausgabe 4.2021, dass in Bayern die Schnelltest*pflicht* für Pflegekräfte durch den Bayrischen Verwaltungsgerichtshof (VGH) vorläufig ausgesetzt wurde. Die bayrische Corona Verordnung sah vor, dass sich Beschäftigte dreimal pro Woche testen lassen *müssen*. Das sind weitgehende Grundrechtsverletzungen für die Mitarbeiter in Pflege-einrichtungen.

Diese wären nur umsetzbar, wenn sich die Person angesteckt hatte. Davon war aber nicht grundsätzlich auszugehen und der Verdacht bestand nicht ohne Weiteres. Es stellten körperliche Eingriffe in die Unversehrtheit dar und einer faktischen Beobachtung des Gesund-heitszustandes von Beschäftigten. Diese bedurften einer gesetzlichen Ermächtigung. Der VGH hielt die Tests ohne Krankheitsverdacht für rechtswidrig. Auch konnte den Mitarbeitern eine Impfung angeboten werden.

Die Infektionsschutzkonzepte der stationären Pflegeeinrichtungen mussten angepasst werden. Geimpfte Beschäftigte und die, die an Covid-19 erkrankten, sollten anders behandelt werden als nicht Geimpfte und Gesunde.

Die Pflegedienstleitung eines ambulanten Pflegedienstes hatte ob der vom Arbeitgeber befohlenen Testverpflichtung geklagt. Und in unserer Einrichtung wurden die Mitarbeiter vor *jeder* Schicht getestet!

Was bedeutete das denn jetzt? Das Testen als Angebot für die Mitarbeiter verstehen und nicht als Verpflichtung. Da war ich gespannt, wie die Konzernleitung damit umging. Und – Tester einstellen oder nicht, wenn das Testen gekippt wird?

Mit den Schnelltests, deren Zuverlässigkeit ich sowieso nicht traue. Aber darauf verzichten? Das wagte ich mich auch nicht.

Und wieder dachte ich, egal, wie und was ich entscheide, es war bestimmt falsch.

Dilemma nennt man das wohl. Was gestern galt, konnte am nächsten Tag hinfällig sein.

In diesem Artikel steht weiter:

›*Sind alle Bewohnerinnen und Bewohner geimpft oder haben eine Covid-19-Infektion überstanden, sind auch Tests für Besucherinnen und Besucher nicht mehr verpflichtend vorzusehen. Das gilt auch für geimpfte Besucher*‹.

Bedeutet, wir überprüfen jetzt noch die Impfausweise?!

Online Diskussion
mit Prof. Dr. Karl Lauterbach

Am Dienstag, 13.04.21 nahm ich an einer online Diskussion des Spiegelmagazins mit Dr. Karl Lauterbach (Mediziner, Epidemiologe, MdB SPD) und Melanie Amann, der Leiterin des SPIEGEL-Hauptstadtbüros teil. Das Magazin schrieb alle Abonnenten an und ich ergatterte ein Ticket. Thema des Abends lautete: »Wie wollen wir miteinander reden?«

Ja, das wird sich zeigen. In dem Livestream mit dem Titel ›Republik21‹ mit Lauterbach ging es vornehmlich um die Drohungen durch verrutschte Denker. Lauterbach teilte die Menschen in drei Gruppen ein: Radikale, Verängstigte und Vernünftige.

Was ich an ihm schätzte, war seine klare Art zu kommunizieren. Er ist eben Wissenschaftler und erst in zweiter Linie Politiker.

Die Teilnehmer hatten die Möglichkeit, über eine andere Plattform Fragen zu stellen. Meine Frage wurde jedoch nicht frei gegeben. Vielleicht klang ich zu nassforsch:

»Wenn auch Geimpfte infektiös sein können, wie kommen wir dann jemals aus der Nummer raus? Lebenslang Maske tragen und Abstand halten?«

Die Bundeskanzlerin peitschte derweil die Änderung des Infektionsschutzgesetzes durch Bundestag und Bundesrat, das nunmehr dem Bund mehr Rechte zugestand. Leider war darin noch immer die unvernünftige nächtliche Ausgangssperre ab einer Inzidenz von 100 aufgeführt. Und leider ging es noch immer um Inzidenzen. Wichtiger wäre, die Auslastung und Belegung der

Intensivstationen in den Fokus zu nehmen. Die Gesundheitsämter waren ohnehin mit der Kontaktnachverfolgung überfordert, die Mitarbeiter der Behörde würden viel eher beim Testen gebraucht werden.

Sollte ich nicht doch schon im nächsten Jahr in Rente gehen?

Im frühen Sommer ordnete ich an, dass geimpfte Mitarbeiter keine FFP-Maske mehr tragen müssen, sondern nur einen dreilagigen Mund-Nasen-Schutz. Bei der Hitze eine Erleichterung! Täglich getestet wurden nur Ungeimpfte, die anderen zweimal wöchentlich. Einige waren mir jetzt dankbar, dass ich sie zur Impfung überredet hatte.

Impfrunde die Dritte

Im September 2021 ging es in die dritte Impfrunde mit Corminaty. Die Letzte war schon sieben Monate her. Verlief ohne Zwischenfälle und ging ruckzuck. Bisher war unsere Einrichtung noch beständig ausbruchsfrei! Ich war sehr stolz auf die Mitarbeiter, die sich strikt an das Hygieneregime hielten. Es ließen sich erfreulicherweise immer mehr von den Mitarbeitern impfen.

Der Bundesrat stimmte der Zweiten Verordnung zur Verlängerung coronabedingter Sonderregelungen im Bereich des Pflegeversicherungs-rechts zu. Damit wurde der Pflege-Rettungsschirm bis zum 31. Dezember 2021 verlängert. Also konnte der Konzern mit saftigen Rückzahlungen rechnen.

Im November 2021 stellte ich meinen Rentenantrag für den 01.04.2022. Es war genug. Jetzt konnten Andere ran.

Ich hatte mir die Entscheidung nicht leicht gemacht, aber mein Job gefiel mir nicht mehr. Ich war zur reinen Statistikerin verkommen und hatte weder für Bewohner noch für Mitarbeiter Zeit. Mein Terminplan platzte mit den Reportings zu den Stichtagen aus allen Nähten, dazu die vielen Videokonferenzen und eine ungeheure Mailflut, die ich nicht nur lesen, sondern auch beantworten musste.

Einführung der Impfpflicht für Beschäftigte im Gesundheits- wesen, Artikel 1, Nr. 4, § 20a IfSG ab dem 15.03.2022

›Impfpflicht für Beschäftigte in Pflegeeinrichtungen. Personen, die in Pflege- und

Behindertenhilfeeinrichtungen tätig sind, müssen bis zum 15. März 2022 nachweisen, dass sie gegen COVID-19 geimpft oder genesen sind oder aus medizinischen Gründen nicht dagegen geimpft werden können. **Nicht geimpfte Beschäftigte müssen dem Gesundheitsamt gemeldet werden.**‹ die nächste Posse, ich konnte es nicht fassen. Und weiter: ›*die Behörde kann eine Tätigkeit in der Pflegeeinrichtung untersagen.*‹

Die Betonung lag auf ›*kann*‹. Laut Begründung entfiel dann die Lohnfortzahlungspflicht des Arbeitgebers.

Einfach unglaublich! Bereits jetzt bestand ein Fachkräftemangel und es fielen Pflegekräfte aufgrund anhaltend hoher Belastungssituationen und geschlossener Kitas aus. Diese Situation könnte sich durch die Einführung der Impfpflicht verschärfen. Außerdem würde es einen großen gesellschaftlichen Schaden geben. Die Politiker brachen brutal ihr Versprechen, dass es *keine* Impfpflicht geben wird. Das Misstrauen gegenüber dem Staat sollte nochmals enorm zunehmen.

Okay, nächstes Problem. Eine Mitarbeiterin (Pflegefachkraft) ließ sich partout nicht impfen und hatte jetzt Angst um ihren Job, vor allem um ihre jahrelange, zufriedene Betriebszugehörigkeit.

Ich konnte sie nicht überreden. Ich sollte sie deshalb kündigen. Einen Teufel tat ich.

(Glücklicherweise scheiterte diese Impfpflicht im April 2022 im Bundestag. Der Schaden in der Bevölkerung jedoch - den konnte man damit nicht mehr rückgängig machen).

Das RKI veröffentlichte die Lageberichte.
›*Am 30.01.2022 wurden 78.318 neue Fälle und 61 neue Todesfälle übermittelt. Die Inzidenz der letzten 7 Tage liegt deutschlandweit bei 1.176,8 Fällen pro 100.000 Einwohner (EW). Die Werte für die 7-Tage-Inzidenz in den Bundesländern liegen zwischen 1.821,0 pro 100.000 EW in Berlin und 468,6 pro 100.000 EW in Thüringen.*›*
Quelle:
https://www.rki.de/DE/Content/InfAZ/N/Neuartiges_Coronavirus/Situationsberichte/Jan_2022/2022-01-31-de.pdf?__blob=publicationFile

Nun sollte ein neuer Corona-Pflegebonus ausgeschüttet werden. Die aktuell vorgesehenen Beträge stellten nach meiner Ansicht zwar keine angemessene Wertschätzung dar, aber mehr Geld ist ohnehin nur ein Pyrrhussieg – schnell verpufft und dann vergessen. Danach braucht es noch mehr

Geld und wieder mehr Geld usw.

Pflegekräfte in Krankenhäusern und Pflegeheimen erhielten diesen Pflegebonus für ihren Einsatz während der Corona-Pandemie. Der Bonus ist gestaffelt und betrug maximal 550 Euro bei Vollbeschäftigung. Die Steuerfreiheit lief am 31.03.2022 aus.

›Der Bundestag hat am Donnerstag, 19. Mai 2022, der Zahlung eines Bonus für Pflegekräfte in Krankenhäusern und Pflegeeinrichtungen zugestimmt. Ein entsprechender Gesetzentwurf von SPD, Bündnis 90/Die Grünen und FDP (20/1331) in einer vom Gesundheitsausschuss geänderten Fassung wurde mit der Mehrheit der Koalitionsfraktionen, CDU/CSU und AfD bei Stimmenthaltung der Fraktion Die Linke angenommen.
Ebenfalls abgestimmt, aber abgelehnt wurde ein Antrag der CDU/CSU-Fraktion mit dem Titel „Bonuszahlung für Leistung der Medizinischen Fachangestellten, Zahnmedizinischen Fachange-stellten sowie Beschäftigten im Rettungswesen in der Corona-Pandemie – Nachhaltige Stärkung des Berufsbilds der Medizinischen Fachangestellten jetzt voranbringen" (20/1014).

Dafür hatten neben den Antragstellern die AfD und die Linksfraktion gestimmt, dagegen SPD, Grüne und FDP. Darüber hinaus wurde ein Antrag der AfD *mit dem Titel „Verschärfung des Fachkräftemangels im Gesundheitssektor verhindern – Einrichtungsbezogene Impfpflicht abschaffen" (20/699) in namentlicher Abstimmung mit 574 Stimmen gegen 71 Stimmen bei einer Enthaltung abgelehnt.‹*

Zitat Ende.

Quelle:

https://www.bundestag.de/dokumente/textarc hiv/2022/kw20-de-pflegebonus-894690

Nun meldete sich die stellvertretende Pflegedienstleitung krank. Die ganze Familie wurde positiv getestet, hatte Fieber und hustete bellend um die Wette.

Meine Vertretung, die Pflegedienstleitung, war seit drei Wochen in Kur. Und diese sollte vermutlich noch verlängert werden. Also stand ich alleine da.

Dank der Impfung ist die Familie der stellvertretenden Pflegedienstleitung nach 10 Tagen genesen und sie kam wieder zur Arbeit.

Weitere positiv getestete Mitarbeiter fielen nicht auf. Hoffentlich blieb es so.

Der Ausbruch nach zwei Jahren.

Ich hätte es nicht für möglich gehalten. So kurz vor meinem Ruhestand blieben wir nicht verschont.

Am Samstag, den 29. Januar 2022 rief mich die Pflegefachkraft zuhause auf dem Diensthandy an.

»Frau Meier wurde heute positiv getestet. Aber sie ist doch wegen ihrer Tochter seit einer Woche in Quarantäne. Da kann doch nichts passieren, oder?«

»Wenn alle Kollegen eine Maske getragen haben und sich regelmäßig die Hände desinfizieren, wohl eher nicht. Sonst sind alle Bewohner noch negativ?«

»Ja, sonst ist alles in Ordnung. Auch Frau Meier geht es gut, sie weint, weil sie jetzt noch länger im Zimmer verbleiben muss.«

»Ich werde sie am Montag besuchen und ihr gut zureden. Bitte regelmäßig die Temperatur messen.«

Trotzdem war ich beunruhigt. Mit einer Person fängt es ja bekanntlich immer an.

War es wirklich die Tochter, die die Bewohnerin angesteckt hat? Ich war mir nicht sicher, ob beim Duschen der Bewohner von den Mitarbeitern wirklich Masken getragen werden. Konnte ich sogar verstehen. Das ist in der feuchtwarmen Luft ja schwer zu ertragen. Aber es musste nun mal sein.

Vielleicht sind die feuchten Masken sehr viel durchlässiger für das Virus? Nach 75 Minuten sollte nach Arbeitsschutzstandard eine 30-minütige Pause des Tragens eingelegt werden. *Hm. Wie praktikabel war das?*

Am Montag, 31.01.2022, meldete sich eine Mitarbeiterin mit Halsschmerzen krank. Jetzt war ich nicht nur beunruhigt, sondern regelrecht alarmiert und sprang fast senkrecht vom Stuhl hoch. Die meisten Mitarbeiter waren zwar in dem Wohnbereich geimpft, aber eben längst nicht alle. Und die Fachkraft, die gekündigt werden wollte, weil sie sich nicht impfen ließ, arbeitete eben dort.

Ich besuchte Frau Meier in voller Schutzmontur mit Kittel, Visier, Handschuhen und natürlich – Maske.

»Frau Meier, es tut mir ja so leid. Kann ich oder wir irgendetwas für Sie tun?«

Sie lief während des Gespräches ständig um den Tisch herum, war unruhig, brauchte Bewegung.

»Nein. Sie können ja nichts dafür. Ich weiß auch nicht, warum der Test jetzt bei mir positiv ist. Bin ich jetzt schuld, wenn alle krank werden? Ich habe doch nichts gemacht!«

Ich streichelte ihr mit meiner behandschuhten

Hand sanft den Arm.

»Nein, Sie können genauso wenig etwas dafür. Das Virus hat Schuld, und das ist eben unberechenbar. Soll Ihnen die Betreuung vielleicht vorlesen oder einen Film auf dem Tablet zeigen?«

»Nein, das ist nicht nötig. Fernsehen kann ich selbst. Aber – ich muss Ihnen noch was sagen. Gestern hat mich Frau Seidel vom 1. Stockwerk besucht. Sie wollte mit mir Mensch-ärgere-dich -nicht spielen. Aber ich habe sie nicht reingelassen, ganz ehrlich. Und sie hatte keine Maske an. Glauben Sie, dass das jetzt ein Problem werden wird?«

Ups. Mir wurde plötzlich ganz warm.

»War denn sonst noch jemand hier?«

»Nein, nein! Nur die Schwestern. Die sind so lieb zu mir. Aber ändern können sie es ja auch nicht.«

Ich lief zum Pflegestützpunkt. Da hockten alle dicht beieinander, tranken ihren Kaffee oder dokumentierten am PC.

»Guten Morgen Ladys! Wir hatten vereinbart, dass Sie im Stützpunkt keine Getränke und kein Essen zu sich nehmen. Dafür gibt es den Pausenraum. Ihre Masken hängen auf halb acht und eine Kollegin trägt noch ihre Handschuhe. Was haben Sie damit alles angefasst? Sie haben eine Kollegin mit Halsschmerzen und eine positiv getestete Bewohnerin. Und ist die Tastatur hier desinfiziert?«, frage ich das Team ziemlich verärgert.

»Ja, stimmt. Sie haben recht. Machen wir nicht mehr. Sie machen sich viel zu viele Sorgen!«

Na, das beruhigte mich auch nicht gerade.

Ich ging zurück in Richtung Aufzug und traf die Hauswirtschaftsleitung.

»Auf Etage zwei muss jetzt dreimal täglich desinfiziert werden, vor allem die Handläufe. Eine Bewohnerin ist positiv, allerdings hat sie das Zimmer seit einer Woche nicht verlassen. Ob sie wirklich keinen Besuch von Mitbewohnern reingelassen hat, weiß ich nicht.«

Unsere gute Seele der Wäscherei und Hausreinigung nickte verständnisvoll.

»Machen wir, Frau Jurtendach. Machen Sie sich keine Sorgen. Müssen Sie denn wirklich in Rente gehen?«

Okay, okay. Je öfter ich das mit den Sorgen höre, um so mehr Gedanken machte ich mir.

»Ja, ich fürchte schon. Ich habe es meinem Mann versprochen.«

Mittwoch, 02.02.2022, es ging weiter.

Die Fachkraft vom Wohnbereich 3 kam zur Nachmittagsschicht und war laut PoC - Test positiv. Ein dicker zweiter Strich erschien flammend rot auf dem Testkit. Oh Gott!

Abgesehen davon, dass jetzt keine Fachkraft auf dieser Etage im Spätdienst ist, schwante mir, dass es um sich greift. Das war nur der Anfang. Es wurde eng.

Ich fragte die Pflegedienstleitung, wann die nächste Visite von Dr. DJ. Stattfindet.

»Am Samstag.«

»Kann er vielleicht die Bewohnerin mal abhören? Nur für den Fall der Fälle.«

»Ich schicke ihm eine E-Mail.«

Freitag, 04.02.2022, noch mehr positive Testungen ...

Fünf weitere Bewohner wurden positiv getestet.

»Frau Jurtendach, ich glaube, wir haben ein Problem. Es wird immer schlimmer.«, sagte die Fachkraft im Wohnbereich. Auffällig war, dass es ausschließlich die Bewohner betraf, die sehr viel Unterstützung durch die Pflegekräfte benötigten.

Ein männlicher Bewohner verließ das Zimmer seit Wochen nicht mehr, also konnte er nur vom Personal oder von den Angehörigen infiziert worden sein. Und weiter auffällig: Es fanden sich keine schweren Krankheitszeichen. Noch nicht mal Fieber wurde entwickelt.

Ich schloss die Wohnküche, kein gemeinsames Frühstücken mehr. Alle Bewohner aßen ihr Essen im Zimmer.

Noch mehr Arbeit für die Pflegekräfte. Der Betreuungsdienst wurde fest eingeteilt. Zwei Mitarbeiterinnen durften nur in der 2. Etage tätig werden und die anderen Wohnbereiche nicht betreten. Sie unterstützten bei der Mahlzeiten- und Getränkeverteilung.

Der große Speisesaal im Erdgeschoss wurde ebenfalls dicht gemacht. Unruhe breitete sich aus, nicht nur in der Bewohnerschaft, auch bei den Mitarbeitern.

Ich versuchte, Zeitarbeit zu organisieren. Für die Arbeit in einem infizierten Bereich schnellte der Stundensatz der Firma drastisch in die Höhe: 120 Euro statt 78 Euro für eine Fachkraft. Wohlgemerkt, es handelte sich hier um Stundenlohn!

Okay, dann keine Fachkraft. Das decken wir selbst ab. Aber Hilfskräfte durfte ich nicht leasen.

Die Konzernführung ist nach wie vor der Auffassung, dass es genügend Hilfskräfte auf dem Arbeitsmarkt gibt, und ich sollte stattdessen einstellen. Klar, es wurde sich förmlich um die Arbeit in einem Pflegeheim gerissen.

Ich fragte bei den Kollegen in den Schwestereinrichtungen nach. Ob sie entsenden könnten? Keine Chance, drei Einrichtungen kämpften selbst mit einem Ausbruch. Eine sogar im ganzen Haus. *Grundgütiger.*

Ich informierte die Heimaufsicht und das Gesundheitsamt. Verbunden war das mit der Aufgabe, eine namentliche Liste zu erstellen: Wer ist seit wann positiv, hatte mit wem den letzten Kontakt, wie viel sind vom Personal betroffen? Wer war geimpft? Wie oft? Usw.

Und last not least, alle Angehörigen des Wohnbereiches wurden informiert. Danach stand das Telefon nicht mehr still.

»Ist es im ganzen Haus? Ist meine Mutter betroffen? Dürfen wir sie trotzdem besuchen?«

Nein, nein und nochmals nein.

Samstag 05.02.2022

Am Wochenende fielen zwei weitere Mitarbeiter aus. Die Führungskräfte waren alle im Einsatz, Pflegedienstleitung, deren Vertretung und ich. Wir arbeiteten schweißtreibend in Vollmontur.

Dr. DJ kommt zur Visite und hört alle Bewohner ab, nicht nur die positiv Getesteten. Er gab Entwarnung. Niemand hatte ernsthafte Probleme, kein Husten, kein Fieber. Er tröstete mich. Oder versuchte es.

»Frau Jurtendach, zwei Jahre lang lief es doch gut. Die Mitarbeiter leisten hervorragende Arbeit. Nun wollen wir mal das Unvermeidliche mit Würde tragen. Machen Sie sich keine Vorwürfe.«

Ich setzte mich nach dem Testen der Bewohner an den Empfang, um die Pflegekräfte vom Telefon zu entlasten. Das schellte nahezu unaufhörlich.

Besorgte Angehörige fragten nach dem Sachstand. Dass die Chefin am Wochenende in der Einrichtung ist, schaffte Vertrauen. Bis jetzt konnte ich sie noch beruhigen. Obwohl ich selbst alles andere als ruhig war.

Montag, 07.02.2022, 19 Bewohner von 40 wurden positiv getestet

Das Schlimmste ist das Hoffen, bis es wie ein Ballon platzt. Ich bekam schließlich Zeitarbeit von der Geschäftsführung genehmigt. Die Freude währte nur kurz, es war niemand zu bekommen. Erst in zwei Wochen. Einem Bewohner ging es jetzt ziemlich schlecht. 39 Grad Fieber, Atemnot, quälender Husten, Luftnot.

Die Sauerstoffsättigung betrug nur noch 87%. Normal sind 96 – 98%. Er wurde ins Krankenhaus eingewiesen. Die Rettungsassistenten waren verkleidet wie bei einem Ebola Ausbruch. Kittel, Handschuhe, Maske und Visier und schauten misstrauisch über den Flur.

Alle pflegerischen Mitarbeiter der Etage waren nun ausgefallen. Einige wiesen leichte Symptome wie bei einer Erkältung auf, zwei Ungeimpfte waren mit hohem Fieber schwer erkrankt. Von der ersten Etage sprangen drei Mitarbeiter in die Bresche. Bedeutete, sie durften in ihrem Stamm-wohnbereich nicht mehr arbeiten.

Die nicht infizierten und getesteten Bewohner durften das Haus natürlich verlassen.

»Frische Luft ist doch jetzt das das allerbeste, Frau Jurtendach.« Vermutlich hatte sie recht.

Donnerstag, 10.02.2022, Bewohner im Krankenhaus verstorben

Die Nachricht erreichte uns am Nachmittag. Wir waren betroffen. Die Tochter rief an. Sie klang sehr erbost und drohte mit rechtlichen Schritten.

»Ich informiere die Heimaufsicht«, sagte ich. »Sie wissen aber, dass der Zustand ihres Vaters schon vor der Infektion mit Covid sehr schlecht war, nicht wahr?«

»Und wenn schon. Das hat ihm jedenfalls den Rest gegeben. Und nur, weil sich Ihr Personal nicht an die Hygienevorschriften hält! Sie hören noch von mir, verlassen Sie sich drauf!«

Ich würde nichts mehr von ihr hören, denn dann war ich im Ruhestand. Es ist vielleicht nicht angebracht von mir, will es aber nicht unerwähnt lassen: Die Heimkosten hatte sie bisher nicht bezahlt und stand bei uns mit 9.000 Euro in der Kreide. Sie kam nicht an das Konto des Bewohners heran, deshalb erhielten wir noch nicht mal die Rente des Vaters. Wahrscheinlich hatte sie die selber eingesteckt.

Ich war ein bisschen stolz auf mich. Diese Tatsache ihrer Schulden bei uns rieb ich ihr nicht unter die Nase. Das wäre unprofessionell gewesen.

Donnerstag, 17.02.2022 – der Spuk ist vorbei

Wir sind fertig, alle. Nicht nur die Bewohner, auch wir Führungskräfte. Kraftlos und gähnend sitzen wir, die zwei Wohnbereichsleitungen, Pflegedienstleitung und ihre Stellvertretung im Büro der Pflegedienstleitung, seufzen und schauen uns an.

»Das haben wir mal wieder hingekriegt. Ich danke Ihnen! Wollen Sie morgen frei nehmen?«, frage ich die vier. Sie schütteln alle ihre Köpfe.

»Vielen Dank für das Angebot, Frau Jurtendach, aber das gibt der Dienstplan noch nicht her. Es wäre gut, wenn von den Kolleginnen mal eine oder zwei aus dem Krankenstand zurückkämen. Frei nehmen können wir ja immer noch. Wie wäre es, wenn Sie morgen mal eine Auszeit nehmen?«

»Meine Auszeit beginnt in knapp fünf Wochen. Aber Sie, Sie müssen noch länger durchhalten. Außerdem muss meine Nachfolgerin noch eingearbeitet werden.«

Okay. Ich hatte sie überredet. Erst nahm die Stellvertretung frei, dann meine Vize.

Na, ging doch. Das Gesundheitsamt hatte die Quarantäne für die Bewohner in der Etage aufgehoben. Es waren alle wieder gesund und munter. Wir bekamen so viele Aufmerksamkeiten von den Angehörigen, Pakete mit Süßigkeiten,

Kuchen, Kaffee, Schokoladen. Das war so rührend. Eine Tochter fiel mir gar um den Hals. Sie wollte Geld spenden. Das musste ich leider ablehnen. Trinkgelder bzw. Geldspenden sind nicht erlaubt. (Steht im Heimgesetz, oder besser: im HGBP, Hessisches Gesetz Pflege- und Betreuung).

Montag, 28.03.2022, mein letzter Arbeitstag

»Damit es Ihnen nicht langweilig wird, Frau Jurtendach!« Das Leitungsteam empfing mich an diesem Morgen vor meinem Büro.

Auf meinem Schreibtisch türmten sich Geschenke, Blumen und Glückwunschkarten. Ein Nackenkissen war dabei, ein Geduldsspiel und Magnete für den Kühlschrank. Der - *Mach- ich - morgen* - Spruch gefiel mir am besten.

Und dann war es soweit. Ich war traurig, ich war glücklich und gleichzeitig erleichtert. Mein letztes Morgenmeeting. Mein Mund fühlte sich seltsam trocken an. Und das soll es jetzt gewesen sein? Kein Wecker mehr, keine E-Mail-Flut, kein Diensthandy, keine Anrufe? Ich hasse Abschiede. Also wollte ich es kurz halten. Gelang mir nicht. Auch Angehörige bringen Karten, Schokolade, Pralinen, Erinnerungsbilder von Sommerfesten.

Das größte Geschenk – im wahrsten Sinne – erwartete mich im Besprechungsraum. Ich hatte in der Küche ein kaltes Büffet bestellt und nach und nach trudelten auch die Teams von den Wohnbereichen ein.

Meine Noch-Vize und jetzige Nachfolgerin ließ ein riesiges Paket herein schleppen. Das Öffnen der Pappumhüllung dauerte gefühlte fünf Minuten.

Zum Vorschein kam ein gigantischer Terrassen-Schaukelstuhl.

»Damit Sie immer an uns denken, Frau Jurtendach. Jetzt können Sie sich ausruhen und all das tun, was Sie sich schon lange vorgenommen haben.«

Und dann war auch dieser Arbeitstag vorbei. Die Führungskräfte stellten sich vor der Eingangstür auf und wir rauchten eine letzte gemeinsame Zigarette.

»Wenn Sie mal Hilfe brauchen, Sie wissen ja, wo Sie mich finden«, sagte ich in die Runde. Alle nickten.

Und dann bin ich einfach gegangen und schaute nicht zurück. Damit niemand meine Tränen sah.

Sisyphus
Acryl auf Papier, DIN A4

Danke, dass Sie bis hierhin durchgehalten haben. Ich freue mich über Rezensionen, besonders auf die guten, bin jedoch für Kritik und Hinweise ebenfalls dankbar.

Sie erreichen mich unter jurtendach@gmx.de sowie in Facebook bei Marbie Stoner.

Passen Sie auf sich auf und bleiben Sie gesund!
Ihre Corinna Jurtendach.